Yeni Edisyon

YUNUS EMRE

Aşka Vardıktan Sonra Kanadı Kim Arar

VELİLER SERİSİ

I0157437

Kevser Yeşiltaş

Designed, Published and Distributed by Bookcity.Co
www.bookcity.co

Bookcity.Co

ISBN: 978-1-912311-22-4

Bir gün Tasavvufî Öğretilerin, varlıksal ihtiyaç olduğu anlaşılacaktır.
Ve bir çıkış kapısı, ruha ve cevhere açılan.

İçindekiler

Önsöz

Hakikatinde Tapduklu Yunus'tur. Fakat bilinen meşhur ismi ile Yunus Emre. Benim gönlümde de Yunus'ca olarak sese geldi. İsmi ve Mahlası her ne olursa olsun O bir Derviş, bir şair, bir ozan, gönüller sultanı, gökyüzü eri, yeryüzü ereni. Ne desek yeter mi onu tanımlamaya? Elbette yetmez. Herkes tarafından, istisnasız kabul görmüş, gönüllere taht kurmuş, Gönül Erbabı Yunus. Onu anlamak için bir Yunus gönüllü olmak icab eder.

Bu kitapta okuyacak olduklarınız, bilinen Yunus Emre'nin felsefesi ve şiirlerindeki gizli kavramların anlamları üzerine olacaktır. Bundan dolayı kitapta, zihin içinde çözülemeyecek türden cümlelere yer verdim. Amacım biraz da zihin dışında nasıl düşünüleceğine dair bir düşünce yaratmaktı, naçizane. Lâkin bildiklerim, bilmediklerimden öte değildir. Ayrıca, kitabın amacı, sadece kuru bilgiyi verip, kenara çekilmek değil, bilginin nasıl kullanılacağına dair de ipuçlarını aktarmaktır. Bir cezb yaratmaktır.

Zaten Yunus Emre ve Dervişleri ve ondan sonra gelen tüm Yunus mahlası, lâkabı ile anılanlar ve Yunus gönüllülerin tüm amacı cezb yaratmaktır. Bu bir sanattır. Çünkü *'Çalab'ın ırmağı, sanatıdır'* diyorum naçizane.

Yunus gönüllülerin işi, müzikle, resimle, kitapla, özlü sözler ile hâl yaşatmak, o hâli, mâl etmektir tüm gayesi. Okuyan ve okutan tüm gönüllere selâm olsun diyerek başlayalım.

Her cezb, bir kanattır Aşka uçuran. Aşkın kanatları yoktur lâkin kanatlandırır insanı. Aşka uçunca da kanada ihtiyacı kalmaz insanın. İşte bu kitap, bir seyir kitabıdır. Cezb kitabıdır.

Her insanın bir cezb âlemi vardır. O cezb âleminin içerisinde hayretler ile yol alır, hasretlik ile dertlenir. Her derdin şifası da zehri de yine kendi ruhundadır. Tüm insanlar, evvelde tek bir noktadan ışır, zamanda belirir ve aşikâr olur.

İşte insanın tüm gayreti, hem âlemin içindeki noktanın sırrına varmak, hem de âlemin içinde nokta olmanın sırrına vakıf olmaktır.

İnsan, bir noktadır, kâinatın tam ortasında yer alan. Kâinat bir noktadır, insanın tam ortasında 'gönlüne' yerleşen.

İnsan, Mavera'ya yani ötelerin ötesine, yücelerin yücesine aittir, lâkin bütünün içinde birey olarak bir anlam kazanır. Hem bireydir, hem bütündür. Bu iki hâli anlamak içindir tüm seyri. Her zerre-i nokta bir menzildir. Her menzilin hâli ayrı ayrı, türlü türlüdür. Bir menzilden diğerine misafir olur, cezb ile yol alır. Her noktada kendini tanır, diğer noktaya uçarken aşk ile sarhoş, serdehoştur. Yaşadığı tüm hâller ona ilahî bir zevk verir. Görmeden görmeler, sözsüz dile gelenler, yürümeden gidenler, kanatlı uçup, kanatsız varanlar. Gördüm demez görenler, bildim demez bilenler. Ulaşmak! Lâkin nereye demeden! Sormadan, sorgulamadan!

ÖNSÖZ

Varlık âlemi, soru âlemidir. Menzilde soru yoktur. Her menzilden, sorularla çıkılır yola. Sorular bittiği vakit menzile ulaşılır. Seyir âleminde kul olan, kemâle erdiğinde Aşk olur. Dünya ortamında farklılık vardır, çeşitlilik vardır. Yunus gönüllüler, erenler, ulaştıkları menzillerden 'kulluk ile Rablık' arasında fark olmadığını dile getirirler. Bu bir hâldir, aşkınlık hâli. Kaba sığamama ve taşma hâlidir. Bunu ancak o menzile ulaşanlar, Aşkın Cezbinden serdehoş olanlar, dem olup dembedem hâline ulaşanlar dile getirebilir. Bu dile getiriş yazılara dökülür. Ve bu yazıları okuyan ve normal hayatını devam ettiren insanlar, o hâli anlamakta oldukça güçlük çekerler. Zira hâlden anlayan ancak o hâl içinde olanlardır. O hâle ulaşmadan da uluların söylediklerini okuyarak ya da duyarak anlamak zorlaşacaktır. O hâle ulaşmadan da söze dökmek, tekrardan ve tekerlemeden ileri gitmeyecektir. Tabiri caizse, teypten konuşmak gibi olacaktır. Cezb-i hâl ile söze gelen her kelime çok kıymetlidir. Cezb-i hâlsiz söylenen ise kuru, kupkuru olacaktır.

Tüm erenler, Hallac-ı Mansur, Mevlâna, Hacı Bektaş Velî, Muhyiddin İbn-i Arabi, Yunus Emre ve tüm Yunus'lar, kendi menzillerinden seslenmişler ve bize ilham vermişlerdir. Onların sözlerini anlamak, idrak etmek, hayatımıza geçirmek bir seçenektir sadece. Ancak herkes kendi ruhundaki yankıları dinlemeli ve onları söze getirmeli, dillendirmelidir. Aksi durum, taklitten öteye geçemeyecektir. Bu değerli kısacık fâni dünyamızda, kendi ruhumuzun derinliklerine yönelmemiz, ruhumuzun katmanlarındaki sesleri duymamız, onları bedene indirmemiz ve o öğreti ile yaşamamız daha makbul olacaktır.

Dünyadaki farklılığa ve çeşitliliğe aldanıp üstünlük taslamak, her hâli kendine mâl ederken kibir ile hareket etmek, elbette hatalıdır. Üstünlük ancak iman dolu yüreklerdedir, onlar da tevazu sahipleridir. Herkes kendi değerinde ve özünün kıymetinde olmalıdır. Kimse ötekinden daha değerli, kıymetli, üstün ve daha ışıklı değildir. Herkes kendi uyanışının rehberidir. Başka birinin uyanışına rehberlik ettiği zannı, kibirden öteye geçmez.

Lafı tadında bırakarak, burada bal ile keselim ve kısa bir manâ yolculuğuna çıkalım. Bu kitabı yazmak kısmet oldu ve elinize ulaştı. Kısmetten öte bir adım atılmaz, nefes dahi alınmaz. Ne kadar daha nefesimiz var ise bu âlemde, ha gayret diyelim ve seyrimize başlayalım.

Bu kitapta Mustafa Tatçı beyefendinin derlediği "Yunus Emre Divanı" eserinden bazı cümlelere yer verilmiştir. Alıntı ve kaynağı belirtilmiştir.

Bu kitapta Kur'an-ı Kerim ayetlerinden alıntılar yapılmıştır ve kaynağı da belirtilmiştir.

Geri kalan tüm cümleler yazarı olarak benim hissiyatımdan akan kelimelerdir.

Yunus'ca olarak yapılan alıntılar, bu kitabın yazarı olarak benim ruhumun derin hissiyatından akan cümlelerdir.

Kevser Yeşiltaş, Nisan 2018

Giriş

Nefs insana bahşedilmiş olağandışı bir cevherdir. Nefsini harap etmediğin, yerle bir etmediğin müddetçe, daima galip olacaktır. Beden zayi olacak, acı çekecek ki, nefs dize gelebilsin. Bu yüzden insandaki birtakım yeteneklerin ne vakit peyda olacağını ve ne vakit son bulacağını hiç kimse bilemez. Bunun tayini ancak ve ancak o kişinin ruhî gayretleri ile alâkalıdır. Çünkü hiçbir şey sonsuza kadar aynı tınıda, aynı tek düzelikte gitmez. Ya dönüşür başkalaşır, ya da gelişir dal budak olur sarmalar. Bir kimsenin algıları açık, ruhî yetenekleri fazla diye, kibre kapılarak, diğerlerini aşağılamaya, hor görmeye, yüksekten bakmaya asla hakkı yoktur. Unutmayalım ki, her istidat ve meleke, insana belli süreler içinde hak ettiği müddetçe ve hayra kullanabildiği kadar verilir sonra yeniden alınabilir.

Kibir, istisnasız dünyaya gelen herkeste mevcuttur. Ancak fark edilmediği için de ehlileştirilemez. Ehlileştirme yoluna girenlerin ödeyecekleri hesap, katlanacakları çile ve diyetlerine de razı gelişleri, sabredilemeyecek boyuttadır. Ancak bu yola girenlerin çoğu yoldan dönmüşlerdir. Devam edenlerin çileli hayatları olduğu düşünülür. Fakat onlar, artık acının ve çilenin çok daha farklı boyutlarını, Hakiki Huzur manâsının derinliğine ererek ve eriyerek yaşıyor olurlar.

Bunları yazmamdaki amaç, benzer hadiseleri fazlasıyla yaşayan, bir manâ çıkaramayan, sorularına cevap arayanların varlığının gün geçtikçe artıyor olmasındandır.

Her birimiz çok değerliyiz. Karmaşık yapıya sahip varlıklar olarak algılarımız çok açık her birimizin. Kimse ne özeldir, ne de bir diğerinden aşağı bir özelliğe sahiptir. Gizemli olayların içinde olmak insana bir özellik katmıyor, gizemli olayları yaşamayanı da alçaltmıyor. Kimsenin kimseden üstünlüğü yoktur. Üstünlük sadece edebtedir. Hakikat Mai'sinde herkes üryandır. Hiç kimse daha iyi bir çul ile örtülmemiştir velev ki edeb ile yoğrulmadıkça. Üstünlük daimî edebtedir ve edeb, erdemli er kişinin işidir. Edebin edebe üstünlüğü olur, etin kemiğin üstünlüğü yoktur. Erdem sahiplerinin cinsiyeti yoktur. Onlar güneş gibidir, cahiliye buzlarını eriten. Su gibidir alevlerini söndüren. Rüzgâr gibidir sapla samanı ayıran. Ve toprak gibidir örten, gizleyen, gerçeği bağırlarında yeşerten.

Yunus Emre'yi kaleme almaya naçizane gayret ettiğim, çabaladığım anlarda, daima engeller ile karşılaştım. Engeller manâ derinliğim ile alakalı idi. Bilinçaltı kaynaklı birikmişlerim vardı. O Yüce Gönüllü insanı anlatmak, aktarmak, yazmak o kadar da kolay olmadı benim için. Çünkü Yunus Emre, sadece adlar ve kavramlar arasına sıkışıp kalmamış, yaşamış, bizatihi tatbik etmiş, özümsemiş ve kendine hâl etmiş, mâl etmiş bir Velîmizdir.

Rüyalarımda, kendi menzilinden işaret ettiği her noktayı aktarmak benim için sonsuz bir hizmetti âdeta. Hiçbir zaman bu

GİRİŞ

dünyada bir görevli olduğumu düşünmedim. Ben ne görevliydim, ne hizmetliydim, ne de görevlerim ve hizmetlerim vardı. Ben naçizane bir hizmetçiydim, kabul buyurduğu müddetçe de, Hakk Hizmetçisi.

Kendi bedensel gayretlerim çoğu kez boşa çıktı, bulamıyor ve kavrayamıyordum. Velîmizi anlamak ne mümkün idi. Oysa O, kendi zamanından, günümüz modern zamana akmak, dile gelmek, söz söylemek, bilinmek istiyordu. Artık zamanı idi ve tam zamanıydı. Sayfalar dolusu notlar öyle günlerce, aylarca bekledi. Demlendi, dem oldu, dem bu dem olduktan sonra, yazım aşamasına sıra geldi. Cılız bir etki gibi damla damla akan su, ırmak oldu çağladı, rüzgâr oldu coştu, yağmur oldu yağdı. Ve şu an okuduğunuz kitapta can buldu. Sizlerle tanışmak isteyen bu Yüce Gönüllü Velîmizin, farklı tadda, farklı tınıda olan her satırı, naçizane parmaklarımdan harflere ve kelimelere döküldü. Yunus'ca mahlası ile ruhumdan aksetti.

Zahirin fethi için göründük cesed içinde, gözümüzden baktı Hakikat. / Yunus'ca

AŞKA VARDIKTAN SONRA KANADI KİM ARAR

Yunus Efsanesi

Güçlü rivayetlere göre Yunus, Eskişehir'in Sarıköy isminde bir köyde çok yoksul bir çiftçidir. Anadolu'nun en zor zamanlarında yaşamış. Kıtlık zamanları, savaş zamanları, Osmanlı'nın kuruluş yılları. Kendisi aç ve çaresiz iken, diğer insanların da hâllerinden haberdarmış.

Bir gün, kulağına Hacı Bektaş Velî Ulu'sunun cömertliği çalınır.

Varıp yollara düşer ve ulaşır ocağa. Dileği az biraz un, buğday ve bulgurdur. Lâkin kendisine Ulu tarafından *'Buğday mı istersin, erenlerin himmeti mi?'* diye teklif sunulur. Kendinden habersiz, makamından yoksun olan yokyoksul Yunus *'buğday'* der ve diğer seçeneği anlayamaz. Ona Ulu tarafından teklif üç defa tekrarlanır, ama o ısrarla *'dünyalık olan buğdayı'* diler. *'Karnımızı doyuracak olan buğdaydır. Ne edeyim himmeti?'* diye düşünür. Dileği yerine gelir, taşıyabileceği kadar yüklü erzak kendisine verilir ve yola revan olur.

Gece ayazı ile çökünce, ruhunun derinliklerindeki avazı işitir, aklı başına gelir Dervişin, *'himmet ne nesnedir ki, himmeti alan, buğdayı da bulurdu'* diyerekten, tekrar geldiği yoldan Ulu'nun yanına varır. Kendisine teklif edilen himmeti ister, karşılığında buğdayı verecektir. Ancak iş işten geçmiştir, teklif o an için geçerlidir, geri döndüğü zaman için yeni bir oluşum, yeni bir teklif gereklidir.

Hacı Bektaş Velî tarafından *'Kilidin Tapduk Emre'dedir gayrı, varasın onu bulasın, himmeti An'dan alasın'* denir. Boynu bükük, hiç soru sormadan davete icabet eder yokyoksul Yunus. Köyüne döner, karınlarını doyuracak erzakı hemşerilerine verir. Yokyoksul Yunus, Şeyhini aramak ve An'da onu bulabilmek için yollara düşer.

Bir *'Yunus Efsanesi'* böylelikle başlamış olur. Ne varlığa sevinen, ne yokluğa yerinen, aşkı ile avunan 'bana seni gerek seni' diyecek olan Yunus'un serüvenidir bu.

Serüven Başlasın

Yağmur yağıyor.

Her bir damla kendini bırakmış özgürce iniyor gökyüzünden toprağa. Kendi iradesiyle, kendini tamamlayarak, özgürce bırakıyor kendini, düşünmeden, nereye düşeceğini hesaplamadan. Çünkü biliyor, *'onu yaratan, bunu hesaplamıştır'*, *'nereye inersem ineyim, tekrar döneceğim Asl'ıma. Çünkü tüm dönüşler O'nadır'* diyor. Bir yağmur damlası biliyor bunu.

Bırakmış kendini hesapsızca, nereye düşeceğini bilmeden, iniyor hızla. Rüzgâr savuruyor onu, ne kadar şiddetli esse de, hiçbir damlanın birbiriyle birleşmediğini, özgür iradelerini koruduklarını fark ediyor. Tekrar şiddetli bir rüzgârla savruluyor ve deniz kıyısına iniyor, yağmur damlası olarak.

Bir iskelenin önünde, kendini inceliyor. Vücud bulan varlığına bakıyor ne ilginç bu sefer farklı, bu sefer bedeni var. Elleri, kolları, ayakları var. Tam o sırada, denize doğru uzanmış iskelenin ucunda bir karaltı dikkatini çekiyor. Birden iskeleye çekildiğini fark ediyor. Başını kaldırıyor gökyüzüne bakıyor, yağmur dinmiş. *'Ne ilginç az önce bir damla olarak buluttan kopmuştum, yeryüzüne indim, bakalım bu sefer neler olacak?'* diye iç geçiriyor.

'Neden bu kadar şüphelerin, sürekli hesaplaşmaların?' diye bir ses yankılanıyor. Sesin nereden geldiğini anlayamıyor, zihninde yankılanıyor âdeta. Bakıyor denizin içine kadar uzanmış iskelenin üstündeki karaltı bir siluete dönüşüyor. Tanıdık biri.

'Şeyhim Tapduk! Evet O. Çağırmış gitmeliyim. Beni bekliyor. Anlatacakları var.'

Adımlarını atıyor, fakat kumda ayak izlerinin olmadığını fark ediyor, dönüp bakıyor birkaç metre uzaklık sanki sonsuz mesafeye erişmiş. İskelede yürüyor, kendisini ziyarete gelmiş Şeyhi elini uzatıyor ve gülümsüyor.

'Anlayışına uygun' diye cevap veriyor Şeyhi, huzur veren sesiyle. Sanki kendine yabancı olmayana, kendinden olana seslenerek.

'Bak!' diyor Tapduk Şeyhi, denizi göstererek. Bakıyor Yunus, güneş ışınlarının pırıltıları deniz üzerinde inanılmaz dans ediyorlar, 'ne harika bir görüntü' diyor, zihnindeki tüm düşünceler dağılıyor, huzur doluyor yüreği.

Kalbinin ısındığını, sıcacık olduğunu hissediyor, öyle ritmik ve öyle huzur verici atmaya başlıyor ki, her nefeste denizin kokusu tüm hücrelerine işliyor, hafifliyor.

'Bütünün tekâmülü' diyor. 'Öğrenmek istiyorsun.'

Hiçbir şey konuşamıyor yolcu, öyle hafif ki, neredeyse milyonlarca parçaya ayrılıp yok olacak aniden.

'Evet' diyor Yunus.

'Peki yüreğin o kadar geniş mi?' diye soruyor huzur veren sesi ile şeyhi.

Yunus, kendinden olan, yabancı olmayan o gözlere bakıyor, başı dönüyor, sendeliyor, huzur veren sesinin tınısında âdeta kaybolmaya başlıyor.

'Sebeplerin sonuçları, sonuçların sebepleri! Hepsi aynı hamurda yoğrulmuş. Ne fark eder ki senin için? Başlangıç ya da son, sebep ya da sonuç. Zaten her an, zaman dilimindeki var oluşta yer alan bir ruh için, sebep ya da sonuç ayrıcalığı olabilir mi? Zamanı da yaratan O, sebepleri de, sonuçları da.' 'Atalarından kalan miras!' diyorsun, 'Atalar da sendin, şimdi de sen, bundan sonra gelecek nesil de sen, anlayışa uygun olan yaşam platformunda ayrı gibi görünmeliydi.' 'Yüreğin o kadar geniş mi? Her zaman diliminde an'da yer alan Bütün Ruh-Bedenin, kılcal damarları gibisiniz? Her biri ayrı görev yapmaz mı? Sonuçta hepsi Bir bütünde Bir olur.'

Helezonlar büyüyor, gittikçe derinleşiyor, sesi artık ruhunda yankılanıyor, son huzur dolu kelimeleri işitiyor.

'Yüreğin ne kadar geniş?'

Uyanıyor Yunus, kendine geliyor. Yola revan olma vakti, davete icabet gerekir. Uzak olmayan diyarlara doğru yola koyuluyor.

Araya araya, Şeyhinin dergâhına varıyor ve oraya kabul ediliyor. Kısaca Yunus, Tapduk Emre'sini buluyor. Ulu Hacı Bektaş'ın buyurduğu gibi 'An'da Şeyhine kavuşuyor.

Tapduklu Yunus

Yunus Emre ismi ile bilinen Velîmiz, 13. yüzyılda yaşamıştır. Hakkındaki bilgilere, kendi ölümünden, neredeyse 150 yıldan çok sonra rastlanmıştır. Hakkında hiçbir bilgiye erişilemeyen, zaten kendisi de erişilmesini istemeyen bir Derviştir. Onu diğer Yunuslardan ayırt edebilmek için **Tapduklu Yunus** olarak bahsedeceğim. Çünkü şiirlerinde kendi isim ve mahlasını açıkça belirtmiştir. Sayın Mustafa Tatçı beyefendinin, Yunus Emre Divanı olarak derlediği yazıtlardan birebir, hiçbir harf hatası olmadan, aslına sadık kalarak alıntılar yaptım. Kendisine buradan sonsuz şükranlarım ile.

> Sorun Tapduklu Yunus'a, bu dünyeden ne anladı Bu dünyenün kararı yok sen neyimiş, ben neyimiş. / *Yunus Emre Divanı / Mustafa Tatçı*

Tapduklu Yunus, Tapduk Emre'nin kapısına kul olmaya gitmiştir, gayesine ulaşmış ve Tapduk manisini de saçmıştır bir bir. Ulaştığında dergâha, kimsenin dayanağını kırmasın diye, odun kırma görevi verilmiş ve dergâha hizmeti, rivayetlere göre kırk yıl boyunca ormandan odun taşımak olmuştur.

Ormandaki günleri odun kırmaktan ibarettir. Akşamları da Tapduk şeyhinin sözleri ile cezb olmakta, nefis terbiyesinin inceliklerini öğrenmektedir. Kırk yıl boyunca, Tapduk kazanında kaynamış, pişmiştir Yunus. Dünyalık koktuğunu dile getiren öğreticisinin sözlerine daima itimat etmiş, nefsi bilmenin ötesine geçerek, nefsi silmenin de yolunu, adabını tatbik etmiştir. Tapduklu Yunus'un imtihanı 'sonsuz sabır' ile sınanmaktır.

❧

Bir gün ormanda odun keserken yorulmuş, bir ağacın gölgesine sığınarak, yaslanmış ve içi geçmiştir Tapduklu Yunus'un.

Pırıl pırıl bir gün.

Güneş yeni doğmuş, hava ılık ve uzak diyarlardan harika kokular getiren bir meltem esintisi. Çimenler rüzgârın etkisiyle dalga dalga oynaşıyor âdeta. Bırakmışlar kendilerini, salıveriyorlar tüm güzelliği ile zerreciklerini, tohumlarını, alıp götürmesi için, rüzgârın o karşı konulmaz cüssesine. Yeniden doğmak için, yenilenmek için, hiç ölmemek, hep yaşamak için, diri kalmak için, usulca teslim oluyorlar.

Bir ağaç, tüm görkemiyle, yemyeşil yaprakları neredeyse yerlere kadar uzanmış. Meyveleri bulunduğu yerden seçiliyor, sulu, taze, alabildiğine renkli ve olgun. Yürüyor Yunus, ama ağır aksak. O yaklaştıkça ağaç uzaklaşmak istiyor sanki. Çimenlerin üzerinden âdeta rüzgâr gibi eserek ilerliyor, ağacın gövdesine yaklaştıkça o muazzam kokusunu tümüyle ciğerlerine çekiyor.

Ağaç, 'Hoş geldin' dercesine salınıyor rüzgârla boylu boyunca. Büyüleniyor âdeta, gövdesinin altındaki huzur, ağacın enerjisi onu kendinden geçirmeye yetiyor. Uzanıyor meyvelerine, onlara sahip olmak, onları hücrelerine göndermek için fazla sabırsız. Fakat eli bir türlü uzanamıyor meyveye, oysaki çok yakın. O çabaladıkça yoruluyor, sırtındaki ağrıyı hatta yükü hissediyor. Eliyle sırtını kontrol ediyor, bir ağırlık var, bir yük sanki bu. Bakıyor epey ağırlaştırmış onu, hatta hantallaştırmış.

Meyveye uzanmak istedikçe sırtındaki yükün ağırlığı engel oluyor dik durmasına, yukarı doğru esnemesine. 'Yüklerini bırak' diyen tanıdık sesi işitiyor. Bu, Tapduk Şeyhinin sesi ve o ses tekrar sesleniyor Tapduklu Yunus'a: 'Yüklerin çok'.

'Ne yükü? Ben yük getirmedim, yüklemedim ki bir şey sırtıma.' diyor savunurcasına kendini.

'Hayatlar, hayatlar boyu yüklendiğin o yükleri artık bırak! Esnemene engel olan yüklerinden kurtul. Senin olan, fakat sana ait olmayan kamburundan.'

'Nasıl?' Söküp atmak istiyor kamburunu, oysaki onun tek dileği meyveye uzanmak ve olgun sulu olan o meyveleri hücrelerine ve ruhuna sunmak. Çabalıyor ama fena canı yanıyor, yapışmış, onun olmuş, onunla olmuş âdeta kamburu. *'Zamanla'* diyor Şeyhi. *'Ama, artık zamanı'.* Etrafa bakıyor, doğa bırakıyor tohumlarını, zerrelerini yenilenmek ve tazelenmek ve yeniden doğmak için.

Ruhunda yankılanan sesten başka hiçbir şey kalmıyor, uyanırken *'İnsan bir tek kendini oynayamaz! Düşün! Düşün de öyle cevap ver kendine!'.*

Sıçrayarak kendine geliyor Tapduklu Yunus, güneş batmak üzere, bir hayli geç olmuş. Tapduklu Yunus *'Vay bana, vay ki vay! Odun da kesemedik bugün, içim geçmiş uyuyakalmışım. Şimdi ne diyeceğim Dervişlere, ne götüreceğim dergâhıma, ne sunacağım ellerimle şeyhime? Gayrı erenlerin himmetine kalmıştır işim'* diyerek baltasını arıyor. *'Doğruyu demeli, doğruyu söylemeli'* diye de kendi kendine mani mırıldanıyor.

Baltasını, kesilmiş düzgün odunların yanında buluyor, seviniyor, yüzü gülüyor. Şükrediyor, hamd ediyor Rabbine. Kendisine sunulan hediyeyi sevgi ile alıyor, sırtlanıyor düzgün odunları ve dergâhına yetişiyor geç olmadan.

༄

O gece bir rüya görür, ama bu rüya mıdır yoksa bir işaret midir bilinmez:

Uyanamadı yine.

Bir el, aşkın eli idi bu, onu tuttu ve çekti. Zamanın akmadığı zamansızlığa. Zamanın en zamansız olduğu an'a. Oradaydı. Olması gereken en yükseklikte. Yanındaydı yine, onu hiç yalnız bırakmayan, sahibinin. İşaret buyurdu an'ın sahibi, önündeki perdeler açıldı, her yer ışıkla doldu.

Döşeğinde yatan kendine baktı. Baktı ve gördü! Ama gözleri yoktu ki görebilsin. Bu bakış başka bir bakış, bu görüş başka bir görüş tü sanki! Olması gereken en tepe noktasından, zamanın başka bir boyutta aktığı zamansızlıktan seslendi kendine. *'Heyy, uyan artık! Zamanı geldi.'*

Vaktin Sahibi *'Daha değil, ama zamanı geldi!'* dedi usulca.

Artık uyanmalıydı. Geri dönüşün şokunu atlatıp atlamamak, zamansızlığın zamanında ve *'Zamanın Tek sahibinin'* yanında olduğu huzurun tarif edilmez hâlini doya doya yaşayarak uzandı, ötelerin ötesinden, dünyasına, bedenine doğru sündü.

Uyanmalıydı. Son bir hamle kalmıştı. İşte oradaydı. Döşeğinde. Bedenine doğru yolculuğu, sıcak bir günde ılık bir göle dalar gibiydi.

'Kendi 'zamanı' için gelenler.
Kendi 'zamanını' fedâ ederek gelenler. Birlikteler.
'Zaman'ın sonunda.'

İşareti almıştı Tapduklu Yunus. Uyanmış ve uyuyanları uyandırmaya görevlenmişti. Öğrendiği tüm bilgileri tatbik etme, hâl olarak yaşama ve gönüller yapma zamanı gelmişti.

Şeyhi Tapduk Emre, Tapduklu Yunus'a artık dergâhtan ayrılması gerektiğini dile getirdi. Ve böylelikle Tapduklu Yunus, yana yana yürüyerek tekrar yollara düştü.

Tapduklu Yunus'un nerelere gittiğini, kimler ile sohbet ettiğini, neler yaptığını bilmiyoruz, hayatı bir muamma. Şiirlerindeki derinliği, isimleri zikredişi ile o zamanın erenleri ile temas kurduğunu, fakat onlarla fazla zaman geçirmediğini, yine yollara düştüğünü tahmin edebiliriz. Mevlâna, Barak Baba, Sarı Saltuk, Hacı Bektaş Velî gibi erenler vardır.

Mevlâna'nın, Tapduklu Yunus'u gördüğünde *'Ateş ateşi yakmaz, lâkin ateşin ateşe söyleyecekleri vardır'* sözü ve *'Manevî mertebelerin hangisine çıktıysam, şu Türkmen kocası Yunus'u ora-*

da gördüm' dediğini biliyoruz. Sanki ağız birliği yapmışçasına, Tapduklu Yunus hakkında çok fazla bilgiyi nakletmediler.

Sırları

Tapduklu Yunus'a biçilen yaşam biçimi **'yürümek'** olmuştu. Yürüdükçe çilesi azalıyordu âdeta. Çilesinin derdinde bile değildi. Onun aslî görevi 'birleştiricilik' 'tamamlayıcılık' idi. Görünen iki ayağı vardı, Anadolu toprağını karış karış dolaştıran. Batınında, sonsuz ayaklara sahipti, onu ötelere, daha ötelere, Arşın da ilerisine taşıyan.

Biz onun, yana yana yürüdüğünü biliyoruz görünende. Fakat âlemleri karış karış dolaştığını, Arşın da ötesine geçip nerelere vardığını, oralardan haberler getirdiğini ancak şiirlerinden okuyup anlayabiliyoruz.

Arşın ötelerini, bu dünyaya taşıdı. Aynı dolap misali. Onu en iyi tanımlayan dolap şiirinde olduğu gibi. Suyu alıyor, Arşa çıkarıyor, tamam edip, tekrar suya geri bırakıyor. Çıkan inilti, Yunus'un çilesi idi. Akan rahmet suyu, toprağı suluyordu. Tapduklu Yunus, kendini dertli dolap olarak betimler. Çünkü dolap bir çarktır. Tapduklu Yunus da bir çarktır. Hakk makamının işleyiş tarzı da bir çarka benzer.

> Benim adım dertli dolap, böyle emreylemiş Çalap / *Yunus Emre Divanı* / *Mustafa Tatçı*

Tapduklu Yunus burada, yaşamı ile ilgili bir sırrı daha ifşa etmiş olur. Sır, kendisinin Hakk'ın bir çarkı olduğunu vurgulamasıdır. Hakk'ın Rahmeti de, aynı bu betimlemedeki çark misali, gaybın derinlerinden aldığı Nuru, âlemlere dağıtmasıdır. Tapduklu Yunus da, Hakk'ın âlemlere dağıttığı Nuru, Arşın ötelerinden alır ve dünyaya akıtır. Dünya toprağı, rahmete bu şekilde kavuşur. Tapduklu Yunus'un her tasavvuru, tasarrufa geçer. Kısaca her yüksek şuurlu hayâli, bir oluştadır. Artık o basit beşerî hayâller kuran değil, bizzat Arşta kurduğu yüksek şuurlu hayâli, arzda, yani dünya toprağında, inşa edenlerdendir. Her söylediği, her düşündüğü âlemlere yansır. Bu onun dünyadaki aslî görevidir. Çünkü Rabbi böyle emretmiştir ona. Tapduklu Yunus'un, ilahî sırları, ilahî işleyişteki düzen ve tertibi, Hakk sırlarını bu şekilde betimlerle bize ulaştırması ise, onun Yüce gönlünün edebi ve erdemidir.

Tapduklu Yunus, Hakka hizmet eden **'Çarklarından'** sadece biridir. Her devrin, her zamanın hizmetli çarkları mevcuttur. Onları kimse bilmez. Zira sırlıdırlar. Her yerde olabilirler. Her zaman diliminde var olabilirler. Bilinmez oluşları, onların hizmetlerinin gereğidir. Onlar gaybın erleri, dünya âleminin de hizmetlileridir. Korkuları yoktur, mahzun da olmazlar. Daima görünen âlem ile görünmeyen âlem arasındaki sınırda dolaşırlar. Kimsenin cesaret edemediği yaşam biçimleri vardır. Tapduklu Yunus da onlardan biridir. Böyle emreylemiştir Hakk, ötesi yoktur.

Tapduklu Yunus'un, Anadolu'da onlarca mezarı vardır. Bu ona duyulan sevginin bir nişanı, işaretidir. Zira Tapduklu Yunus, her insanın gönlünde yaşar. Öyle sevilir ki, yere göğe sığdırılamaz âdeta. Onun hakiki mezarı, insanların gönülleridir. Yaşamı boyunca işi gücü su, toprak, nebat, kuşlar, ağaçlar, dağlar, taşlar ve insanın gönülleri olduğundan, Anadolu'daki her zerre, onunla tanış olmuştur âdeta. Her esen yelde, her öten bülbülde, her uçan kuşun kanadında, her ağacın meyve sinde, her akan suyun damlasında, her bulutun edasında, her dökülen yaprakta Yunus'tan bir işaret vardır. Tüm yaşamı boyunca Tapduklu Yunus, onları dinlemiş, onlarla sohbet etmiş, daima mahabbette kalmıştır.

Eserlerinde, günlük yaşamından en küçük bir ayrıntı dahi vermez, minik bir şikâyet ya da insanları çekiştirme yoktur. Onun işi gücü Hakk iledir ve Hakk'ın var ettikleriyle. Yüzyıllar geçse de, Tapduk'un Yunus'u anılagelecek, gönüllerde var olacak ve onun hakkında yazılanlar hiç son bulmayacaktır.

Yunus bir mahlastır. Tapduklu dergâhında yetişen, pişen ve bizim kitabımıza konu ettiğimiz Yunus, **Tapduklu Yunus** olacaktır. Onun ardı sıra izinden gitmiş daha birçok Yunuslar olmuştur. Tapduklu Yunus'un ardından giden ve Yunus adını, mahlasını kullananlar bu kitapta şimdilik yer almayacaklar. Onlar, Derviş Yunus, Âşık Yunus, Koca Yunus ve Bizim Yunus isimleri ile var oldular ve hâlâ var olmaya devam edeceklerdir. Çünkü Yunus bir makamdır, oraya ulaşan herkes Yunus dilinden konuşur. Miracını tamamlayan her Arif bir Yunus'tur. Ama bu o kadar kolay değildir, ötelerin ötesine geçebilen her ruh, her can, Yunus olur. Lâkin uçmak değil konmaktır mesele. Hakikatli geri dönüşleri, can isteyenlere can olmaları, hayat sunmaları, bedenleri beslemeleri de icap eder. Her aşamayı tedricen, sindirerek, hazmederek kat ederler ve ebedi dilsizler yani hamuş makamına erişirler. Ve dahi makamsız makamlarda Aşk ile kanatsız uçma'lardan getirdiklerini esenlikle sunarlar.

Tapduklu Yunus ve tüm Yunus mahlasını kullananlar, hakikatinde yalnızdırlar. Yalnızlığın en derûnî hâlindedirler. Lâkin herkese 'yalnızlık' kaftanı biçilmemiştir. Kader üstü kader plânları, o yola sevk etmiş ise ne âlâ. Değilse zorla olacak bir hâl değildir.

Herkes yaşaması gerekeni yaşayacaktır, çünkü bunu kendi bizatihi istemiştir. Seçim tamamen insan varlığına bırakılmıştır. İnsandaki Yücelik, onun İlahî İrade ile donatılmış olmasındandır.

AŞKA VARDIKTAN SONRA KANADI KİM ARAR

Ey sevgili, bir gün yolun düşecektir elbet, çöllerin en yakıcı kumlarında bekliyor olacağız seni.

Serinlemek istersen buyur gel, Aşk Saki'sinin en güzellerini sunacağız sana ellerimiz ile.

Zira çağrıya icabet etmek lazım gelirse, sal yap kalemini, gezdirsin seni Aşk denizinde.

Olmaz dersen, sihirli halın olsun, uçursun seni Aşk nefesinde.

İstersen atın olsun, diyar diyar koştursun Aşkın o görkemli yollarında.

Yine de dön gel sen kır kalemini, kanatsız kolsuz Aşk'a var, Ol Aşk'ın sahibi.

Selâm olsun tüm Yunus gönüllülere! / *Yunus'ca*

Tapduklu Yunus, kanatlı Aşka uçan, Aşka varınca kanadı terk eden, Aşka kanatsız varan, Aşka eren, Aşkta eriyen bir Derviştir. Zira Tapduklu Yunus, Aşk'a kadar Derviştir, âşıktır, candır, insandır. Aşk menzilinde, ne Dervişlik vardır, ne adlar, ne sıfatlar, ne isimler. Her biri bütünleşir. Çünkü ermek gaye değildir, erimektir mesele. Amaca erene kadar kanada ihtiyaç duyarsın, lâkin gayene ulaştığında kanada ihtiyaç kalmayacak, tüm sıfatlardan soyunup, üryan gireceksin o makama. 'Hakikat ırmağında herkes üryandır'.

Tapduklu Yunus, tekâmül sürecinde **'kanat'**ın bir ihtiyaç olduğunu, menzile ulaşan her insanın, kanadı terk ederek yani tabiri caizse 'eriyerek' o makama 'safi' olarak girileceğini aktarmıştır bizlere.

Tapduklu Yunus, bir serüvendir, bir fenomendir, bir seyr-i sülûk erbabıdır, bir Derviştir, bir sufidir, bir ozandır, bir şairdir, bir Âşıktır. Dervişlerin Dervişi, gönüller sultanı, Şeyhi Tapduk Emre'nin gözdesidir. O, 'Nasıl ulaşılacağını, nasıl varılacağını, nasıl olacağını' en basit dil ile aktarandır. Ondan daha öte aktaran da olmamıştır. Lâkin yaptığı 'hizmetin' farkında olan, tüm hizmetlerin kibrinden berî duran, kendini göklere çıkarmayıp bilâkis yerlere bulayan, nefsini un ufak edip silen, en sonunda gizlisine dönerek, beden kanadını da terk eden bir sufidir. Bu tanımların her biri Tapduklu Yunus'un sıfatları ve isimleridir. Ancak bu tanımların, dünya toprağında 'yana yana' yürümek için birer araç ve kanat olduğunu dile getirir tüm şiirlerinde. Vakti zamanı gelince, her biri terk edilecek, Aşka ulaşılacak, Aşk makamında eriyecek *Âşık da Maşuk da'* bir ve bütün olacaktır.

Dünyaya gelen her insan, mutlaka bir 'imtihan' ile sınanır. Tasavvufta bu imtihana, terbiye denir. Tapduklu Yunus'un en büyük sınavı, terbiye edildiği manâ konusu, 'sabır' idi. O, normal hayatını devam ettiren insanlar gibi bir sabırla değil **'sonsuz sabır'** ile sınandı.

Kur'an-ı Kerim Bakara suresi 286. ayetinde *'Allah kimseyi, gücünün yettiğinden öte mükellef kılmaz. Kazandığı da onundur'* vahyedilmiştir.

Tasavvufta 'sabır' bir duraktır. Hakkın sırlarına vakıf olmak o kadar kolay değildir. Tüm Hakka erenler, Hakk makamında eriyenler, Nebîler ve Velîlerin imtihanları sonsuz sabır ile olmuştur. Bizim gibi normal yaşayışta olanların bakış açısı ile çok ağır bir nefs terbiyesinden geçmişlerdir. Herkese kaldıramayacağından daha fazlası yüklenmez, kazandığı yine onundur. Bu kazanılanın ne olduğu yine onu terbiye eden Rabbinin bilgisi dâhilindedir.

Tapduklu Yunus da, şiirlerinde en çok 'sabır' konusuna yer vermiştir. Çünkü sabır, maksada ermek için en iyi kanattır. Nebîler, sabırları ile sınanmış ve en ağır terbiye imtihanlarından geçmişlerdir. Hz. Yusuf kuyudan sabrı ile kurtulmuştur. Hz. Eyüb hastalıklarından ve kayıplarından sabrı ile sıyrılmıştır. Hz. İbrahim sabrı ile ateşten kurtulmuştur. Ağızlarından tek bir şikâyet, tek bir serzeniş ve isyan çıkmamıştır. Bu yüzden

Tapduklu Yunus, çok kıymetli olan Nasihatler eserinde, 'sabır ile insan Arş'a süner' diyebilmiştir.

Burada Tapduklu Yunus ince bir nükte ile bize 'süner' demiştir. Öz Türkçe ile 'sünmek' fiilini kullanmıştır. Çıkar, uçar, ulaşır dememiştir. Her sözü çok iyi kullanan Tapduklu Yunus bize bir sırrı daha bahşetmiştir. Sünmekten maksat, kopmak, ayrılmak değildir. İnsan aklı, gönlü, kalbi, zihni, bedeni ve ruhu ile bir bütündür. Her biri birbirinden ayrı gibi görünse de, insan manâda bir bütündür. Bu sünüş, kopmadan ayrılmadan bütünsel olarak Arşa yükselir manâsındadır. İnsan arşa da çıksa, yeryüzünde dibin dibine de varsa, başka kâinatlara ulaşsa, menzil menzil dolaşsa, durakları geçse, makamları dolaşsa, bunu sünerek yani bütün olarak yapmaktadır. Çünkü yaşadığı her hâl, birbirinden ayrı gibi görünen tüm parçalarına nüfuz eder. Gönlü Arşa ererken, bedeni de nasiplenir, düşünce sistemi de değişir. Tapduklu Yunus bunu 'sünmek' tabirinde, mucizevî bir kavram ile betimlemiştir.

Tapduklu Yunus, Nasihatler eserinin bir yerinde eski Türkçe ile 'yidiyüzyidi' kelimesi ile, yaşadığı zamanın tarihini kendi zamanından bizim zamanımıza ulaştırmıştır. Şimdiki Türkçe ile 'Yedi yüz yedi' ile yaklaşık on üçüncü yüzyılın ikinci yarısıyla, on dördüncü yüzyılın başlarında yaşadığı düşünülmektedir.

Dünya tarihinin, kısa bir zaman diliminde dünyaya Yunus olarak görünmüş, dünyaya misafir olmuştur. Ne vakit doğmuş, ne vakit ölmüş, doğumu ve ölümü arasında neler yaşamış, özel hayatı ile ilgili çok fazla bilgiye sahip değiliz. Bizim için bunlar tamamen ayrıntı ve Tapduklu Yunus'un mahremiyetine girmektedir. Bu kitabı kaleme alırken, onun yaşayış tarzına değil, felsefesine, düşünce tarzına ve bâtınılığına önem verdim. Sizin de bu kitabı okurken aynı fikirde olduğunuzu düşünerek naçizane bunu diledim. 'Hiç doğmayan, nasıl ölebilir ki' bâtını felsefesine sığınarak. Çünkü kendisi de et ve kemiğe bürünüp, Yunus diye görünen bir sıfat ile varlığını ortaya koymuştur. Aslında yokyokluğun, hiçliğin Yunusudur o. Söylediği her sözü bizatihi yaşamış, hâl etmiş ve aktarmıştır. Hakikatin sırlarına bir bir vâkıf oldukça, onları özümsemiş, hazmetmiş kendine mâl etmiştir. Her birini bir kanat eylemiş, Aşka uçmuş ve Aşka varınca da kanatlarını terk etmiştir.

Eserleri

''**Risâletü'n Nushiyye**'' ve ''**Divan**'' olmak üzere iki eseri vardır. Bilinen en eski eseri Divan'ıdır. Aslı ve en eski nüshası nerededir bilinmiyor. Yunus'un kendi elinden, el yazması bir nüshası var mıdır bilinmiyor.

Kendisi 13. yy de yaşamıştır, fakat kendisine ait eserlerin el yazmaları 15. yy aittir. Süleymaniye kütüphanesi, Fatih bölümünde bu nüshalar bulunur. Yine 15.yy ait olduğu düşünülen el yazması nüshalar da Nuruosmaniye kütüphanesinde bulunmaktadır. 16.yy ait el yazmaları da Süleymaniye Kütüphanesi Hacı Mahmud Efendi bölümünde yer almaktadır.

Risaletü Nushiyye yani Öğütler Risalesi, mesnevi biçiminde, aruz ölçüsü ile yazılmıştır.

AŞKA VARDIKTAN SONRA KANADI KİM ARAR

Tapduklu Yunus Şiirlerinde Batınî Kavramlar

'Bildiğin her şeyi unut, terk et onları. Zihnin kayıtlarını koy bir kenara, öyle oku bu kitabı'. / Yunus'ca

Tesbih Dili ve Kuş Dili

Kur'an-ı Kerim'de 'fe sebbih' terkibi ile birçok ayette geçen, Sin-Ba-He kelimesinden türemiş, halk arasında ve meallerde, tesbih olarak çevrilmiştir. Tapduklu Yunus'un şiirlerinde **'tesbih dili'** olarak bilinen manâ, eşyanın mahiyetinden sıyrılmak, görünenin perdesini aralamak, esmanın müsemma sına doğru yol almak, eşyanın hakikatini bilmek anlamındadır. **Kur'an-ı Kerim, Haşr Suresi 1. ayetinde** *'Göklerde ve yerde her ne varsa,*

Allah'ı tespih eder' vahyolur. Göklerde ve yerde her ne varsa, her zerre canlıdır, diridir ve Tapduklu Yunus'a göre de tesbih dilinden konuşurlar.

Ol bizümdür biz anun gayrı tesbih dilidür / *Yunus Emre Divanı* / *Mustafa Tatçı*

Kur'an-ı Kerim, 'mantıku'ttayr' terkibi ile **Neml Suresi 16. ayetinde**, *'Ey insanlar bize kuşdili öğretildi'* denir. Kuşdili, ilmi ledün, gaybın dilidir. İnsana bahşedilmiş en güzel dil, kuşdilidir. Tapduklu Yunus 'benim dilim kuşdilidir' der şiirlerinde.

Benüm dilüm kuş dilidür, benüm ilüm dost ilidür / *Yunus Emre Divanı* / *Mustafa Tatçı*

Hakk, Âdem'dir, Âdem de Âlem'dir. Âlemde her ne var ise canlı ve diridir. Çünkü her an ayrı bir yaratılışta, ayrı bir şe'nde, ayrı bir çeşitlilikte var oluşunu gerçekleştirmektedir. İnsan da bu var oluşa şahitlik etmektedir. Her şeyin şahitliği yalnızca görünen âlemdedir. Her an tazelenen yaratılışa şahitlik eden insan, diridir. Kâinatın tam ortasında çakılmış bir nokta zerreciktir, âlemleri gönlünde mihman eyleyerek, serde hoştur, Hakk'tan gayrı bir kokunun, rayihanın olmadığı bilgisinde seyrine devam eder. Şahitliği 'her an' içindir. Oysa insan tembellik eder, ona bahşedilmiş zihni 'kayıt' için kullanır. Kaydeder her şeyi ve yeni oluşumları görmek istemez. Kaydettiğiyle yetinir. Oysa gülün kokusu her an değişmektedir, suyun akışı her an tazelenmektedir. Bunlara şahitlik etmekte zorlanır ve kayıtlarından kullanmaya başlar. Zamanla da kendi zihninin tutsağı olur. O tutsaklıktan azat olmadıkça da, 'ölü' yani uykuda olacaktır.

Nefs insanı uykuya çeker, gönül ise diri olana. Daimî yaratılışı, gönül gözünden seyrediyorsan dirisindir, Kayıtlar âleminden dünya gözün ile izliyorsan ölüsündür. Tapduklu Yunus yürür yana yana, her zerreyi, her andaki yaratılışta seyreder, gülün kokusu bir önceki değildir, güneş her gün farklı doğar, dağlar taşların tesbih dilini dinler, onlarla kuşdilinden konuşur. Her şeye farklı bir gözle bakmayı öğrenir, zihninin kayıtları değil, gönül gözüyle.

İnsan neden baktığını göremez? Çünkü kayıttan kullanır, bu ölü olma yani uyku hâlidir. Tembeldir zira, anı yakalamak, her anın yaratılışını seyretmek zordur, bunaltır. İşin kolayına kaçmak aslında insanın ruhunda yoktur, ama nefs hem akıl çelicidir, hem doğru olana sevk edici. Tembelliğin yolunu gösteren nefsin peşi sıra gitmeyi akıllıca bulan bir insan, daima ölü kalacaktır, ölüden yiyecektir. Gönül gözünün açılması, mahkûmiyetin bitişidir. Aynı kırmızıya bakarsın, lâkin o hep aynı kırmızı değildir. Herkesin gördüğü kırmızı da aynı değildir.

> Cana niçe aşıksın bu kayıddan geçmezsin. / *Yunus Emre Divanı* / *Mustafa Tatçı*

Akıl, bu zamanlarda, en çok ihtiyaç duyarak sığındığımız cevherimizdir. Kur'an ayetlerinde sık sık tekrarlanan bir kelimedir 'ya'kılune'. İşaret ettiği nokta ise **'aklını kullanmak'**tır. Bir süzgeçtir 'akıl', bir 'terazi'dir. Makûl olanı tespit için vicdanı ve sezgileri de yerli yerince tartar, tedbir alır, ihtiyacı belirler, asgariyi tespit eder. Çünkü aklı olmayan hiçbir şeyden de mesûl tutulamaz. 'Ey Akıl! Mükâfat senin içindir, azap da sanadır'. Bu yüzden akıl hem Nefsanî, hem Rahmanîdir. İtaatkâr, iyi bir süzgeç ve tartı olduğundan dolayı, insana sunulmuş en büyük ilahî hediyedir.

Daima, 'Kendini Bil' demiş, kendini bilenler. Ötekini dinle, onu baştacın yap, kendini düşür dememiş. Kendini Bil sözünde çok mühim bir mesele var ki o da herkesin çok değerli olduğunun bilgisidir. Herkes kendi yolunda yürüyen bir nefer, bir nefestir.

Herkesin kendi ruhunda, muazzam bir hazine vardır ve kilidi açacak anahtar da yine o insanın kendi elindedir. Velev ki, o anahtar başkasına verilmemiş olsun.

Uluların dillendirdiği özlü sözler böylelikle açıldı ve âlemlere saçıldı. O sözler hâl yaşatır bize, lâkin insanın kendi ruhundaki hazinede saklı olan o muazzam kelimeler ise, seni diyar diyar dolaştırır. Hele bi dene.

Kuşkuya kapılma, çünkü bulmadan arayamazsın, çağırmadan gidemezsin, kanatsız uçamaz, ayaksız yol alamazsın. Lâkin bunun da ötesi var, her an'ın merhalesi, her hâlin türlü türlü ahvalî, durumu, oluşumu var. Her insanın kendine has bir gerçekliği ve her gerçekliğin yine o insanın kendi Özüne ait bir Hakikati vardır. Her insan zâtı bakımından kendi âleminden, tüm âlemlere güzellikler katar. Kendimizi çok küçümsemeyelim, lâkin kibirlenmek de bize yakışmaz. İnsan Ulu'dur, lâkin ululanmak yakışmaz. Hiçbir vakit hiçbir şey bitmez, son bulmaz. Son buldu dediğin anda 'kal' mesafesinde olur ve kendine menzil tayin edersin. Bu da sonsuz gidişatı ve devinimi olan kâinatın dengesini alt üst edecek nitelik yaratır.

Menzil sadece Hakk'ındır. Yaratılmışlar daimî 'hâl' ile hemhâl olurlar, kâinatın dengesi ve düzeni böylelikle sağlanır. Bilinmelidir ki, her kavramın, her manânın derinliği, o derinliğin ötesi, Ötelerin de Öteleri vardır. Ve hiçbir vakit insana bir sınır çizilmemiştir. İşte bu yüzden Tapduk dergâhında yetişen Tapduklu Yunus, kuru bilgiyi küçümser ve *'İlim Kendin Bilmektir, Kendin Bilmez isen Bu Nice Okumaktır'* der. Tapduklu Yunus, Zühde dayalı kuru bilgiden uzak durmuş, esmanın müsemmasına yol alabilmiş, her manânın hakikatine varabilmiş bir Velîmizdir. Ve bize bunun nasıl yapılacağını da işaret etmiştir. Hâlâ

Miraç olayını, araba ile bir şehirden bir şehre gitmeye, paraşütle atlamaya, denizin dibine dalmaya, mağaraların derinliklerine girmeye, dağların zirvelerine çıkmaya benzetenler ve o zan ile yaşayanlar vardır. Yükselmek ve alçalmak, sadece zahiridir ve zihni algısal bir durumdur. Hakikat âleminde böyle bir durum söz konusu bile değildir.

Tapduklu Yunus ve Dervişleri, Ötelerin Ötesine, arşın da ötesine geçilebilecek işaretleri bize vermişler ve her miracını tamamlayan Arifin bir Yunus olduğu manâsını da dile getirmişlerdir. Daima istekler bizi sarmalamıştır. Kutsal mekânlara gideriz ve daima dileklerimiz vardır, sürekli isteriz, yüz süreriz, himmet, huzur ve çokça da dünyalık isteriz. Lâkin 'ne götürdün' ki elinle, ne 'dilersin'?

Tapduklu Yunus, yok yoksul fakir ve çaresizdi, ama Hacı Bektaş Velî Ulu'sunun yanına giderken bile eli boş gitmedi. Dağlarda iken, dünyanın ona sunduğu hediye olan biraz alıç koydu heybesine, yüceliğe sunulacak en güzel hediye idi bu. 'Büyüklüğe dâhil olmak için önce Yokluğundan sunman icap eder'. Yola çıkarken bildiklerini yanına almamıştı Tapduklu Yunus. Bir amaca doğru revan olacaksan, yola bildiklerinle değil, bilâkis bilmediklerinle çıkılır.

Âlem her an kendini yenilemekte iken, 'kıyas' en büyük çelme olacaktı ayaklarına. Oysa o, özgürce yürümek istiyordu yana yana. Elindeki ve zihnindeki tüm mevcut bilgileri bir kenara bıraktı, terk etti onları, kendi bilgisini, yana yana yürürken görecekleri ile kıyas yapmadan, tamamen zihnin ve aklın biraz dışında, kalbi ve hissi derinliği ile anlamaya çalışarak yürüyecekti. Tapduklu Yunus, zahirinden batınına yolculuğunda, dar geçitlerden geçerken, ihtiyacı yoktu dünyasal bilgilere, onlar yüktü onun için. Bohçasında Hep'lik, Heybesinde Hiç'lik ile yola revan olan, gönül yolunda erimiş Hakk Aşığı Yunus.

AŞKA VARDIKTAN SONRA KANADI KİM ARAR

Yunus canuni berk it, bildüklerüni terk it. */ Yunus Emre Divanı / Mustafa Tatçı*

Gönül kapısının önünden geçmek zordur. İçeri davetlisindir de, girmek yürek ister. Ya kapının önünde oyalanırsın ya da kapının varlığından haberin dahi olmaz. Yol yüründü mü, gayrı ötesi olmaz, berisi de. Hakk yolu terk yoludur, yalnızlığın yoludur. Sahip olduğun ve hiç sahip olmadıklarını da terk etmek, içsel manâ derinliğine varmaktır. Kıldan ince, kılıçtan keskin, ateşten gömlek giymektir, taşıyabilir misin, diyetlerine razı mısın? Öyleyse buyur içeri.

Benden İçerü

Tapduklu Yunus'un 'Fi'ye olan yolculuğu, içsel yolculuğudur. 'Bir ben var, benden içerü' dediği, Aşkın, ciğerinin her zerresini 'kana' boyadığı yolculuktu bu.

> Uş yürüyem yana yana top cigerüm döndi kana Işkundan oldum divane, niçe zarı kılmayayum Çün içerü giresin dost yüzini göresin Ene'l Hakk şerbetini dost elinden içesin. */ Yunus Emre Divanı / Mustafa Tatçı*

Tapduklu Yunus bâtıniliği manâ âlemi ve maddi âlem, birbiri ile yakîn, bir o kadar uzak mesafede. İki farklı tadda ve koku da olan okyanusun birbirine karışmadan öylece salındığı, sessiz ve derin iki cevher olmuş. Kimi der ki ikisi bir bütün, kimi der ayrı. Oysa bu tamamen kişinin algılarına bağlı bir durum dur. Hangi taraftan baktığın mühimdir, kalbi ve gönülden nazar ediyor isen yakındır her iki cevher, lâkin baş gözün olan dünya gözü ile bakıyorsan elbet uzaktır her menzil sana.

> Eşya nedür görmezem, içmeden olmuşum serhoş. Çul yetişmiş beriden, ruh inmemiş ki zirveden, pervaz olmuş bulutlara değdi

değecek. Yürür Yunus, yana yana, her yeri boyanır kana, Aşkından olmuştur divane, ne dünya görür, ne hanya. / *Yunus'ca*

Şöyle biline ki, her iki âlemi de bir eylemiştir insan kendi gönlünde. Farkında olsun ya da olmasın. Her bir insan, istisnasız eşit olarak bu iki cevhere sahiptir. Fakat insanoğlu, beşeriyet gereği, manâ gözü açık olanı yüceltir, onu tabu edinir, onun hakkında övgüler yağdırır, peşinden gider, onun her türlü hareketini ve sözünü kendine rehber edinir. Oysaki kendi cevherini görmediğinden, emin olamadığından yanaşmaz o âleme dalmaya. Korkar, kendi özündekini görmek istemez. Bu korkudan çok, kendi yüceliği ile karşılaşmanın ve açığa çıkacak olan her türlü yeteneğinin kendini esir alacağı zannı ve kibridir.

İnsan yüce bir yaratılmışlıktır, ancak ululanmak yakışmaz ona. Bu 'bilme' manâsının açılımıdır yeryüzünde. Çok azı gönül denilen manânın derinlerine dalabildi, orada kendine has, kendine özgü ve sadece kendine ait olan tada ve kokuya ait dürreyi yani inciyi keşfederek çıkarabildi. Kişinin kendi incisine ermesi için, kendini okuması yeterlidir. Ama öyleleri var ki, ilim denizler olsa, o denizleri içse susuzluktan ölmeyi tercih eder. Su içinde iken susuzluktan ölmek manâsı ne acıdır oysa. İşte dünyanın değerini bilmeden gelip, safi nefes alarak göçüp gitmenin manâsı budur. Neden geldik ve neden gidiyoruz? Bir geliş-gidiş var mıdır onu da bilmeden. Ariflerin daima gece olarak bahis ettiği yerden aydınlığa gelen ve tekrar aslına dönecek olan varlıklarız. Gece sırdır tüm ihtişamı ile. Gecende Özün ile hemhâl olmuşsun, oysa aydınlık çokluktur orada haşr neşirsindir çeşitlilik ile. Dünya nimetleri ile iken yüzün daima kendi Özüne dönük ise O'nunla hemhâlsindir ki asıl istediğin bu idi. Oysa insan yeniktir daima, yerin cilvesine ve cazibesine öyle kapılır ki, yeryüzünün aydınlığı olur ona karanlık ve nefsin albenisi içinde kaybolur gider.

Manâ âleminde bir belirti üzerine iken, şahadet âlemine göç eylersin ve şahit olmak, görmek istersin. Manâdaki özün de hakikatin yeryüzündedir, yeryüzünde hakikatin manâ âle mindedir. İşte bu gidiş gelişler arasında kaybolmamak esastır. Bu yüzden insana bahşedilen sonsuz bir cevher vardır ki bu onun rehberidir. O'na çeşitli isimler verilmişse de en güzel isimlerden biri de Rab olmuştur. Rab insanın hakikatine olan seyr yolculuğunda tek rehberdir. O, kişinin vicdan sesi, kalbi melekesi ve gönül ışığı olarak daima en yakinidir. 'O daima benimledir, lâkin ben ne kadar O'ndayım.'

İşte bâtıni **dai**lerinin (davet eden, çağıran), Ariflerin amacı bu idi; hayat ile haşır neşir ol, lâkin aslını da asla unutmadan, daima hatırlayarak. Elbette bu hâli, kendine hemhâl edebilecek yolları keşfetmek, kişinin tamamen kendine has bir durumudur. Çünkü hiçbir öğretici, bütünsel bir öğreti sunmamıştır. Her kişinin kendine özgü yolu, yordamı, hakikatine eriştiği bir rehberi olacaktır. Yoksa robottan, fabrikasyondan, tekdüzelikten ve aynılıktan kurtulamazdık. Oysa O yani Hüve, daima ayrı bir şende, ayrı bir yaratılmışlıkla tezahür etmekte, belirmekte ve vücud bulmaktadır. Çünkü Hakk çeşitliliği, farklılığı, ayrılığı seviyor, böyle bilinmeklik diliyor. Eğer aksi olsaydı görünen hiçbir şey farklı tadda ve kokuda belirmezdi. Her şey beyaz olurdu ya da her şey siyah. Her şey tek bir kokunun çeşitliliği ile yayılmazdı ve âlemler oluşmazdı. Bunca çeşitliliğe ve farklılığa şahitlik edecek olan bizler de ayrı ayrı bedenlerde vücud bulmazdık.

Hepimiz ayrı bedenlerde, ayrı manâ hakikatimizde, farklı çeşitlilikte ve ayrılıkta olsak da, sonsuzluğun en bulunamaz ve bilinemez olan noktasında buluşarak bir oluruz. Çünkü zati oradan kopup gelmişiz, gelmeden önce içtiğimiz ve kuşandığımız İlahî Aşkın güzelliği ile. Manâda iken uçarak geldiğimiz yeryüzü karanlıklarında kayboluruz oysa. Kaybolduğumuz yeryüzünün aydınlığı değil, bizim özümüze ait olan nefsin karanlıklarıdır. İnsanın seyri sadece maddeden manâya değildir, hakiki olanı manâdan maddeye olan seyridir. Görmek ister, kendinden kendine olan akışı tamamlamak bütünleşmek ister, neler yapabileceğinin keşfidir bu. Bilinmekliktir dileği, kendini bilmek ve tanımaktır Yüce olanın. O kendini sonsuzca bilse de, yaratımın sonsuzluğunu bilmek ister. Ne kadar parçalanacağını, ayrılacağını, ne kadar sonsuz çeşitliliğe bölüneceğini tatbik etmek ister. Bunu isterken de her bir tadda ve kokuda yoğrulur. Aslına sadık kalsa da, nefsin karanlıkları cezbeder, maddenin albenisine vurulur ve kendini yalnız, aciz zannına kapılır. Masiva denen dünyanın gelgeç heveslerine tutunur, kisveye özgü çamuru muhafaza eder kendinde. Şahitlik edeceği yerde, kendini put edinir, oyalanır.

Hiç kimse zorla gözlerini açmadı yeryüzünde, bilâkis en bilinçli en yüksek idrak hâli ile isteyerek, hatta koşarak ulaştı, bedende ölümü tadabilmek, bir nebze olsun Hakk'ın kokusuna varabilmek, renkliliği, çeşitliliği yakalayabilmek için. Çünkü görmek, bilmek istedi, neler yapabileceğine şahit olmak istedi. Bunu yaparken de varlıkların kokusunu en derinine çekti, batındaki sıcak havayı getirdi zahire ve zahirin soğuk havasına karıştırdı, harmanladı. Tabiri caiz ise, Leylâ'da karıştı, Mevla'sında Ebedi Sukuta vardı. Gönlü diledi, ne dilediğini bir kendi bildi, Aşk'ta sermest oldu, serde hoş oldu. Batında doya doya içtiği Aşkın şerbetini, zahirde açığa çıkardı. İşte bunu bize öğreten Velîlerden bir Velî, ululardan bir ulu olmuştur Tapduklu Yunus. Onun dünyadaki adı budur, lâkin Yunusluk bir makamdır. Ötelerin ötesinin adıdır Yunus.

Kendimi vurasım var Yâre, Şikâyetim var, Ayak yalın, Alın açık, çıkasım var dağlara, Uçasım var diyar diyar dolaşasım var. Sığmazam yere, kendi dünyama gidesim var, Tutar paçamdan da izin vermezler gayri bana. / *Yunus'ca*

AŞKA VARDIKTAN SONRA KANADI KİM ARAR

Her er kişinin gönlünde bir Yunusluk makamı vardır ki ötelerin ötesine geçebilen her can, Yunus olmuştur, miracını tamamlamıştır. Gökten yere, yerden göğe sonsuzluğunda, döngüsünü tamamlamış ve daha ötelere doğru seyrine devam edecek bir hâle gelmiştir. Oysa insan sürekli serzeniştedir. Beğenmez hor görür madde âlemini, geldiği âlemine dönmek için yanar tutuşur. Hâlbuki manâ âleminden aşk ile koparak gelmiştir, amacı ve gayesi bellidir. Unutur ki unutmak insana özgüdür, ne için geldiğini unutur, dertler ve tasalar onu sarmıştır, kurtulumaz bu işkenceden zanneder. Saadete ermek, mutlu olmak, huzura ermek ister dünya toprağında, oysa saadet balıksırtı kadar kaygandır, bu yüzden herkes onu eliyle tutamaz. Bedende olmak kolaydır belki, lâkin bedende görünmektir mesele, dünyaya mihman olmak kolaydır, Hakk'ı gönülde mihman etmektedir tüm mesele. Rabbim her zerrede mührünü bırakmış, Ayan Beyan açıkta, lâkin bir o kadar da gizlisinde iken, arar durur O'nu bu gönül, görmek ister, unu tur 'her daim seninleyim' avazını. Çünkü sınırları insan nefsi çizer, oysa ebedi yaratılmıştır insan. Uyanıştan bahseder insanlık, sancılıdır der, oysa O'nun bir dokunuşu yeter.

> Her kim hakikat süre, kahrı lütfü bir göre. Anunla bulur erliği, kahrı dahi yutmak gerek. / *Yunus Emre Divanı* / *Mustafa Tatçı*

O bilinmezliğin en dip karanlığından bir avazla seslenir: 'Karanlığın ucundaki hiç kimse benim. Tüm kimliklerden arınmışım, ancak tüm kimlikler benim. Yankılanan her kalbin sesinde ben varım. Okyanusun sessiz uğultuları gibi, derinliğin sessizliğinde sessiz olan sadece benim. Ve benim adım hiç kimse!'. Yunus olanlar, Yunus gönüllüler, Hakk'tan ne gelirse hiç yüzünü eğmezler yere. İki nedir bilmez onlar, her şey hayrdır onlar için. Olan ya Hakk'tandır ya da O'ndan vesile ile gelmiştir. Her şey hayrdır.

Ötelerin de Ötesi

Yunuslar, Yunus'ca olanlar, davete icab ettiler. Uzak yoldan geldiler lâkin yorgun ve aç değillerdi. Karanlık dehlizleri, aşılmaz yolları aştılar da geldiler. Kendi dünyalarını, dünyamıza taşıdılar da geldiler. Kendi ışıklarını gelirken getirdiler onlar. Kendilerine arefe olan can Yunuslar, hiçbir öğretiye boyun eğmeyeceklerine and içmişlerdi. İçimdeki hem benden gayrı olan hem bana ayn olan ses diyor ki *'daha öteleri taşı, daha öteleri taşı'*. Hani bilirsiniz, köy çeşmesinden su taşır ya kızlar, işte öyle bir hâl ki, hâllerden nice olmuş hemhâl. Ancak taşıyabiliyorum ya Rabbi, damlasını dahi düşürmeden. O çağırıyor, benim suçum yok gayri. Çağırınca nasıl da gidiliyormuş, kanadın varsa uçarak, yoksa kanatsız uçarak. Yolsuz yollar, makamsız makamlar, dipsiz bir dehliz, uçsuz bucaksız umman. Yakıp kavuran çölleri, binbir âlemleri, her âlemin ahvali, durumu şekli, renkleri, tınısı, kokusu, çağırıyor da çağırıyor, nasıl gidilmez. Lâkin durduran kim? Makamsız makamlarında uçar iken, ne soru var, ne elem, ne keder. Ama bunlar da insan gönlüne yakışır olanlar değil midir ki, yoksa hepsi mi birer oyalamaca. Ne giden var ne çağıran aslında. Olması gerektiği gibi oluyor her şey, gönüllere serpilen su misali. O öyle zengin bir derya ki, bazen hesapsızca dalıyorum kaybolarak, bazen kıyıda kalıyorum korku dolu bakışlarla titriyorum azametinden. O kelimelerine öyle manâlar yüklemiş ki, her biri sanki birer ateş topu.

O her an ayrı bir yaratılışta ve tecellidedir ki biz kâinatı sabit mi zannederiz. Gördüğümüz müdür gerçek? Hayır! Her an var olup yok olan, her var olduğunda O'na hasret, her yok olduğunda O'nun ile hemhâl olan bir kâinat. Ama bizim beden gözümüz 'sabitliği' gönül gözümüz ise 'oluş'ları seyr eyler. / *Yunus'ca*

AŞKA VARDIKTAN SONRA KANADI KİM ARAR

Yunus olan gönüller, Tapduk'un Yunus'u ve Dervişleri, öte-lere varmış, ötelerin de ötesini aşmış, Arşı da geçmiş olanlar onlar. İşte bize nasıl yapıldığını gösteren de, nasıl olacağını ak-taran da Yunus olmuş. Dünya üzerinde hakikat kapısını geçen ve hakikati ile yüzleşen ve ondan ilahî parçayı dünyaya akıtan da Taptuğun Yunus'udur. Diğer tüm erenler, ermişler, her ne kadar Velî makamına erişip manâ ve kavramlara ulaşmışlarsa da, yine de bir parça manâda kalmışlar, bir parça dünyada. Ama Tapduklu Yunus bunu ustaca ve safça yapabilmiş. Hakk'ın Za-hiri tezahürü olmuş yeryüzünde. Kendisi bir âlem olmuş gö-nüllerde. Yürümüş yana yana. Her yeri boyanmış kana, her bir gönülü, diğer bir gönül ile bağlamış, almış o bağları Hakk'a bağlamış hem de açılamaz düğümlerle. Ne büyük bir hizmettir Tapduklu Yunus, Hizmetin yeryüzündeki tezahürüdür Tap-duklu Yunus.

> Biri 'gel' dedi, diğeri 'gör'. Biri daha var ki daimî 'edeb'den dem vurdu. Üçü bir idi mekân'da, biri sır oldu An'da. Hakk'tan ne geldiyse hiç yüzümüzü eğmedik yere, iki nedir bilmeyiz, her şey hayırdır bizim için. / *Yunus'ca*

Mevlâna ve Hacı Bektaş Velî, onun yüceliği karşısında erimişler, feyz almışlar, kendini bilmezlerden bir bilmez ol-muş Tapduklu Yunus. Kendini nasıl görsün, gören gözlerini Hakk'tan gayrı çevirmemiş ki bir an, kendini görsün. O sade-ce kendini bilmiş, hakikatine ulaşmış, yok olmuş, o kadar yok ki, yok yoksul bir adam olmuş Tapduklu Yunus. Mezarı dahi bilinmemekte, bulunamamaktadır. Sır olmuşlardan bir Velîdir Tapduklu Yunus. Tüm Adların, İsimlerin, Kavramların ötesine geçebilmiş, müsemmasına erişmiş ve tüm esmalardan görünür olan eşyanın mahiyeti ve hakikatine erişmiş Tapduklu Yunus.

> Et ü derü büründüm, geldim size göründüm. / Yunus Emre Di-vanı / *Mustafa Tatçı*

Aşk, Tapduklu Yunus tabiri ile Işk, sonsuzluktu ve o sonsuzluk dünyamızdan geçti. İzlerini bıraktı gitti. Bir Tapduklu Yunus idi o, ondan öte Aşkı anlatan kim ola ki. Ve Aşk, ete kemiğe büründü, Tapduklu Yunus diye göründü.

Yol

Yol, yani târık, Arapça kökenli bir kelimedir. **Kur'an-ı Kerim'in 86. suresinin** ismidir aynı zamanda. Gece gelen manâsına da gelir. Tarz, usuller ve kaideleri içerir. Tarikat ehli olmak, hangi tarikata gönül bağı ile bağlı isen o usul ve kaidelere de bağlı kalırsın. Tapduklu Yunus'ta bunu gözlemleyebiliriz lâkin o Tapduk dergâhında pişse de, o tarikata bağlı kalmamış, dolaşmış ve herkes ile tanış olmuştur. Bu yüzden kendisinden tarikatsız tarikat ehli olarak bahsedilir. Çünkü tüm tarikatların, tüm öğretilerin ve itikatların üzerinde bir şahsiyet ve bir Velîdir. Onu şair ve ozan diye çağırmaları ise, tamamen bunu diyenlerin kendi ile alakalı olmuştur. Çünkü o ne bir şair, ne bir ozandır. O bir Velîdir.

> Daha önce yol gider idi, sen durur idin. İmdi, sen gider oldun, yol durur. / *Yunus'ca*

Hakkında çok bilgiye sahip olamasak da, şiirlerinde bahsettiği Tapduk, Saltuk, Barak isimlerinin zikredilmesi, Bektaşi öğretisi içinde yetiştiğinin az da olsa bir kanıtı olmuştur.

Mevlâna ile görüştüğünü dizelerinde dile getirmesi de Mevlevi öğretisinde de bulunduğunu göstermektedir. Barak Babanın Babai oluşu da, Tapduklu Yunus'un Melami tarikatı mensubu olabileceğine de işaret etmiştir. Lâkin yine de o, tüm tarikatları özümsemiş, her zerreden dem almış, her biri ile tanış olmuş, dost olmuş, her biri ile özdeşleşmiş, dem olmuş, hiçbiri ile anılmamıştır. Kendi başına bir Yunus'tur o. Yalnızlığın ismidir, Yok Yok'luğun manâsıdır, Hakk'ın gönül ehlidir. Yürür lâkin nerede yürür? Önce yol ona gelir oldu, sonra Yunus yola revan oldu. En sonunda da, ne yoldan bir eser kaldı, ne de Yunus'tan. Onun bir mezarının dahi olmayışı, nerede doğduğu, nerelerde yaşadığının belirsizliği, tamamen kaybolmak ve un ufak olarak yitmek isteği, turab (toz toprak) olmayı dilemesindendir. Çünkü O Kamer'i yani Ay'ı yerde görmüştür ve rahmet O'na yerden yağmaktadır, göklerden değil.

Ben ayumu yirde gördüm, ne isterem gök yüzinde Benüm yüzüm yirde gerek, bana rahmet yirden yagar / *Yunus Emre Divanı* / *Mustafa Tatçı*

Dost elinden gelen her belâ, Tapduklu Yunus için muazzam bir imtihandır. Çünkü Yunus, habibdir, sevilendir. Âşıktır Yunus, Aşk olmuştur, Maşuk sevgilisidir. Başkaları için zor olan her imtihanı, Yunus, Aşk şerbeti içer gibi, bir bir geçer, aşılmaz dağları aşar, geçilmez geçitlerden geçer, ateş denizin de yol alan mumdan bir kayıktır âdeta, hem eren, hem eriyendir. Fakat O, daima huzurludur, çünkü Hakk habibine, en büyük belâyı Hakk görür, lâkin kimseye vermediği huzura bahş eyler. Hakk dostlarına korku yoktur, mahzun da olmazlar, Hakk Hakikattir, Hakk, Yunus Gönlünde sultandır. Sonunda Tapduklu Yunus idrak eder ki, Yunus da bir perde. Cebraili ve Azraili ile de dost olmuştur. Cebrail Hakk'tan getiren, Azrail Hakk'a götürendir.

Hakikat Savaşçısı, Harabat Ehlidir ki derinleri kazar. / *Yunus'ca*

O, Hakk ile hak olmuş, yer ile bir olmuş bir Derviştir. Hakkın bir ismi de Zahir'dir. Çünkü zahir olabilmek için önce harab olmak, 'yer ile bir' yani 'yer ile yeksan' olmak, turab olmak icap eder. Bedende olanlar, beden içinde olanlar, gökyüzünü dilerken, turabı yani toprağı dileyen ne kadar azdır çünkü onlar bedende görünenlerdir. Yeryüzünde bedende görünmüştür Tapduklu Yunus, hiçbir zaman bedende olmamıştır. Kuru kuruya bilgi Tapduklu Yunus'a göre değildir, o öğreticisi Tapduk Emre'den aldığı tüm bilgileri yaşamış, tatbik etmiştir. Allah'ı harabat içinde bulduğunu da açıkça dile getirmiştir. Erenler ma'nisine de harabat içinden dalmıştır. Âlimler okulda bulmuştur Allah'ı, kendisi harabat içinde. Hizmet yoludur bu. Sadece insana da değildir, kurda kuşa, dağa taşa taşımıştır Allah'ın rahmetini. Aktardığı kadar da rahmet görmüştür yerden.

Bilgelik 'kişi' odaklı olmayan, 'hizmet' odaklı bir erdemdir ki, yankı bulacağı nefesten yol bulup, tekrar tekrar akar. Daima tarihler ve zamanlar boyunca söylenegelen özlü sözler, kulak arkası edilmiş ve unutulmuştur. Sen ne diyorsun ey Yunus! Ruhunda yankılanan ne? Hele bir de onu bize.

Âlimler, müderrisler, medresede buldılar Ben harabat içinde buldumısa ne oldı / *Yunus Emre Divanı* / *Mustafa Tatçı*

Yokyokluğun manâsı, Yücelerin Yücelerine erişmiş bir Derviş, avazı ile seslenir bize Yunus'ca olarak: Varmalar hasret ile olurmuş ey Sevgili, öyle çağırmasan nasıl gelirim sana? Yoksa kar, ateş vız gelir bana, kim korkar ölümden. Benim bir yanım donmuş, bir yanım Nar'da, ölüm ise benim adım olmuş. Gitmeler sarar her bir yanımı, bu yüzdendir gelemeyişim.' Ben derinleri kazarım, zirveler Sen'in olsun. Dipler Ben'im mekânım, yüceler Sen'in olsun, Günyüzü görmem hiç, aydınlık Sen'in olsun. Ben'im ışığım gönül narım, tüm ışıklar Sen'in olsun. Hayâl kurmam bundan gayrı, tüm gönüller Sen'i hayâl etsin. Düşleri bıraktım gecenin koynuna, tüm âlem düşünde Sen'i görsün. Ben diplerin savaşçısı, zirveler Sen'in olsun. Hiç olmadığım kadar 'Güzel' iken, O'na ulaşmak ma'nası zahiridir. Ya O'ndasındır ya Kendinde. Tüm varlığın ile Ene, hiçliğin ile

AŞKA VARDIKTAN SONRA KANADI KİM ARAR

Hüve, Hiçbir şeye ait değil iken nasıl derim Ben, İşte diyorum her şey Sen. 'Kendin'e çekti mahvetti, kendin'i çekti serhoş eyledi, dipsiz kuyu derinliğinden, dağların zirvelerine gelgitte, Sen'in çöllerinde yorgun ve bitap, engin denizinde dinlenmekte.' Gönül ışığım tek rehberim, diplerin karanlığında, nefsin körlüğünde ve tüm ışıklar söndüğünde. Karanlıklar benim adım, yıldızlar Sen'in olsun.'

> Görünen puttur ceset, Can ile buldu nefes, canı canan'a verince gönlü, Hakk gönle mihman eyledi, Nasıl vazgeçsin! Ey yar beni benden eyledi. / Yunus'ca

Bilgi hazineleri derindedir. En ulaşılmaz olan karanlıkların içine zerk olmuştur. Herkes korkar o karanlıktan, çünkü gönül ışıkları henüz yanmamıştır, aydınlatmaz yollarını. O yolda yürümek için yürek gerekir, karanlığa meydan okumak gerekir cesurca. Savaşı 'gölgeler' ile 'görünen' olmayandır Yunus, gönül narının ateşi ile yol alır adım adım. Yürür yana yana.

> Gönlünü kaplamış ise el Hakk, Hak'ca söylenmiş bir BEN, kâinatları titretecek kuvve'dedir. / *Yunus'ca*

Tapduklu Yunus, **'Erdem Sükûnetinin Er'**idir. Gölge âlemde yok olmuş, Hakk Hakikatinde var olmuştur. Hakikatini daima hatırlayan bilendir Yunus. Hakikat 'dipsiz karanlıkta' Hakk olarak açığa çıkandır. Ancak dipsiz karanlıktan yansıyan nurunda, âlemler, hayâl ve gölge olarak belirirler. Hiçbir şey kopuk, ayrı değildir. Işk (aşk) ile beliren âlemler birer hayâldir, gölgedir. Hakk, 'Hakikatin Karanlığında' var olandır.

> Dünyayı devirip alt üst edeceğim. Karanlıklarda savaşıp dipleri kazacağım, daha derinlere, kimsenin cesaret edemediği yüreklilik ile. Çöllerin sıcağında kavrulup, denizleri içeceğim. Sonra gelip başımı yaslayacağım. Yorgun bedenim, Sen'in göğsünde dinlenecek, aşk ile sessizlikte. / *Yunus'ca*

Tapduklu Yunus, içsel yolculuğu ve yalnızlığın yalnızlığına, dipsiz karanlığa doğru yaptığı yolculukta anlayışına erdiği, idrakine vardığı bilgi şudur: 'İnsan O'nun sırrı, O insanın sır rıdır.' İnsan ile Hakk arasında bir gavs vardır, bu iki yay uzunluğu ve daha da az bir mesafedir. İşte O gavs menziline ulaşan, o menzilin Hakikatine eren kişi erdem insanıdır. Ermek değildir gaye, erimektir. Yunus gönüllüler eriyendir. Orada, 'An'da Mülk Kimindir?' sorusunun cevabı vardır. Ve Tapduklu Yunus, işte bu sorularının cevabına ulaşmış kişidir. Tüm kâinat aslında bir hayâlden, bir nefesten ibarettir. Hakikatine ulaşan her Yunus Gönüllü, bunu gönül gözü ile görebilendir. Derin Sükût hâlinde olan 'An'da Mülk sadece ve sadece ben'im' idrakine eren ve ben hakikatinde eriyendir.

Odun

Odun, tamu ateşinin yakıtıdır. Tamu tasavvufta cehennem olarak bilinir. Od kelimesi ateşi simgeler. Odun hamallığı da, tamuya girecek olanların hizmetidir. Hem odun hamallığı yaparak ateşi harlayacaklar, hem de o ateşte yanacaklardır. Çünkü her insan, kendi tamusunun hem yakıtı, hem de ateşinin hamalıdır. İster görünen dünyasında, ister kendi ahiretinde.

Işk odına yan dirisen, gönüllere gir dirisen / *Yunus Emre Divanı* / *Mustafa Tatçı*

Tapduklu Yunus, kendi dünyasında, od'unu, tamu ateşinde yakmayı seçti. O, insanların dünyasında değil, kendi dünyasında var olmayı tercih etti. Ve gayesi, kendi âleminde, nefsini ateşlerde yakarak, harab olmaktı. Ve tamusunun ateşini, aşk ateşine çevirmiştir. Rivayetlere göre, kırk yıl gibi bir süre, kendi nefsinin sembolü olan ormandan, en düzgün odunları taşıdı

Hakk dergâhı olan gönlüne. Gönlündeki Hakk Ateşine attı ve bir bir yaktı onları. Yanan her odun, Tapduklu Yunus'un yük yük taşıyıp getirdiği, çilesiydi, dertleriydi, nefsinin arzularıydı sanki. Ateş, Hakk ateşi, pişen Yunus, pişiren Tapduk Emre idi. Her odunun yanışı, çıtırdayışı, alevi, Hakk'ın yüce nurunun pırıltılarıydı. Kırk, bir rakam değildi, bir zaman dilimi idi.

> Gafletten örtüyü çek üzerinden gayrı, Himmet gömleği ile kuşan! / *Yunus'ca*

Zaman da, mekân da mefhumdur, gölgedir, kişinin algılarına göre değişkenlik gösterir. Kâinatta her şeyin bir oluşum vakti, zamanı vardır. Âlemde bir nesne göster ki vakti saati gelmeyince zuhuru aşikâr olsun. Her şeyin bir vakti, her zamanın, oluşumu için bir mekânı, her mekân üzerinde bir tecelli mevcuttur.

> Dostun evi gönüllerdür, gönüller yapmaga geldüm. / *Yunus Emre Divanı / Mustafa Tatçı*

Hakk dergâhına taşıdığı her düzgün odun, nefsinin dize gelişi, nefsinin gönlüne boyun eğişiydi sanki. Gönül kilidi açıldı, nasip gömleği biçildi, Allah'tan başka renk verenin olmadığı idraki ile yanıp tutuştu. İkiliği bıraktı, sen ve ben manâsı, anlamını yitirdi. Gücünü o kadar turabdan alıyordu ki, bu onu yüceltiyordu. Yüceldikçe de Arşa değiyor ve daha da ötesine geçiyordu. Tapduk şeyhi ona, yola revan olma vaktinin geldiğini hatırlattı. Tereddütsüz kabul etti Yunus, çünkü Derviş itaatkârdır, Dervişlik itaattir. Baba dergâhı olan Hakk'ın gönül evinden ayrılacak, dünyanın tozunu yutmak için yollara düşecekti. Hizmeti gereği Hakk'ın rahmetini saçmaya gidiyordu.

> Işk sultânı Tapduk durur Yûnus gedâ bu kapuda Baba Tapduk ma'nîsin saçduk elhamdüli'llâh. / *Yunus Emre Divanı / Mustafa Tatçı*

Bize dîdâr gerek dünyâ gerekmez Bize ma'nî gerek da'vâ gerekmez. Dervişlik didükleri hırkayıla tac degül, Gönlin Derviş eyleyen hırkaya muhtac degül / *Yunus Emre Divanı* / *Mustafa Tatçı*

Akıl ne mümkündü Yunus için, o aklı ile değil kalbi ile yaşıyordu. Kalb, akıldan daha yakîndır Rabbe. Gönlünü Derviş eylemişti Tapduklu Yunus, hırkaya ihtiyacı mı vardı onun? Gönlü Derviş eyleyen, hırkaya muhtaç değil.

Gör Beni

Bir ses yankılandı uzak ötelerden. Bilinmez, saklı diyardan. Sesi duyan gaybın bilineniydi, seçilmişlerden. Ve onu sadece bir kişi duyabilirdi. Sadece O'nda olan ve O'ndan kopan. Bir fısıltı gibi getirdi rüzgâr sesini. Kulaklarını çınlattı âdeta. Bir esinti gibi geçti ses, ruhunun en ince derinliklerinden. Elinde asası, uçurumun tam kenarında duruyordu. Neydi onu buraya getiren? Her güneşin doğuşuna yakın sürüklenircesine gelişinin sebebini bilmiyordu. Neyi arıyordu? Beklediği kimdi? Bedeninin yanışını söndürmek için miydi? Yoksa ruhunun haykırışlarını dindirmek miydi gayesi? Konuşma vardı, sesler yoktu. Akan cümleler vardı, ama konuşan yoktu. Bir hissediş vardı, duyan yoktu. Derinlerden geliyordu ses yankılanıyordu ama bir çarpma yoktu. Yavaşça, usulca. Ruhların konuşmasıydı bu.

'Sen ve Ben manâsındaki gizem, Hakk'a aittir, çünkü her ikisi Bir olur, diğeri Sır! Her kelime, müsemması ile tecelli eder, lâkin insan sadece surete bakar. Suretim yok, lâkin tüm suretler Benem, bir cismim yok, zira tüm zahir Benden zuhur eder, Benim adım Hiç kimse! Kâh Fırıldak gibi dönerim Sem'alarda. Kâh Yerin en dibindeyim Yüce'likte. Sanırsan Yücelik Gökte. Kimse bilmez Yer'de. İşin sırrı nere de? Yerle bir olsun çulum, toprakta zelil olsun bedenim, un ufak derbeder, ne olacak ki? Gönlüm sahabesinde, almış bir kere vermez ki vereyim bir beşere. Tevazü Kül'ü ile

AŞKA VARDIKTAN SONRA KANADI KİM ARAR

örtünüp bürünen, gönüller yapan, her gönlü Hakkın Yüceliğine
eriştiren, can Yunuslardan bir Yunus, Tapduklu Yunus' / *Yunus'ca*

Gözyaşlarıyla dolu gözlerini bir an olsun kaldırdı. Fısıltıları
rüzgâr getiriyordu âdeta, kâh serinliği ile kâh dalgaların rüzgâra
emanet ettiği damlaların yumuşak dokunuşlarıyla. Ve seslendi
yüreğiyle, duyulacağından emin. Ve seslendi öteler, kulağına
bir avaz'da dokunan nida ile. Bir rüya olmalıydı bu. Gerçek
olamayacak kadar derin ve acı veriyordu yüreğine. Hissettiği
neydi? Düşünceler bir bir akıyordu zihninde Dervişin. Du-
yuyor muydu acaba, tüm aşkını haykırıyordu ama bir duyan
var mıydı? Masmavi deniz belki hiç bu kadar mavi olmamıştı.
Uzaktaki tepenin ardında canlıymış gibi görünüyordu. Vadide
bulunan yeşil ağaçlar sanki bir şeyler anlatmaya çalışıyordu. Ve
karanlık sem'alar, bir sabah Duhan ile mi uyanacaktı?

'Ben burada sessizce beklerken kaç kuşak geldi geçti biliyor mu-
sun Ey Aşk'ın Sahabesi. Dokunun yüreğime yaşam verin bana,
dokunun tüm bedenime, Hayy verin bana.' / *Yunus'ca*

Ve Hatırla sen Ey Derviş! Seni kurtaran AN'daki Ma'ilerin doku-
nuşlarını ve unutma, yüreğini titreten o şeyi. Rabbinin sana bahş
ettiği, büyük hediyedir Aşk. 'Aşk daima benimleydi, hep oraday-
dı, yüreğimin en derinlerinde. Yaman bir avcı gibi yakaladı sır-
tımdan, yaşam iliği gibi yerleşti tüm omurgamın arasına, akıyor
sonsuzca, tüm bedenimi ele geçirdi, tüm hücrelerimi. Ara sıra
değil hep düşünüyorum, her anım, tüm zihnim, tüm rüyalarım
dopdolu. Dönüştürülmesi ne acı bir durum, zihnim engel olsa
yüreğim, yüreğim engel olsa bedenim dönüştüremiyor o muhte-
şemliği. / *Yunus'ca*

Geçtim dünya üzerinden, bir oh diyemedim Yüzüm sürdüm
Turab'ına, cennetini dilemedim Kör kuyu dibinde kaldım, bir
derdim söylemedim Nefsim Aşkın gerisinde, Haktan gayrı gö-
remedim. Öyle dertten yağmur verdin, bir an olsun eğilmedim
İçtim kevserü şarabından, turna ile oldum pervaz Selâm ittüm
Hanuh'a, İdris'e, Ermiş'e, Selman'a Geçtim dünya üzerinden
Gayrisini bilemedim. / *Yunus'ca*

Sorgulanmanın en acımasızlığında kendimi getirdim sana çok uzak diyarlardan. Her şeye hükmeden bir ruhun, beden içinde aşkın titreşimine engel olmaması ne acı. Dönüştürüp ilahî olana akıtamaması ne acı. Sınav mı bu yoksa tuzak mı? Ne yaman ne acımasız bir tuzak! Engel olunamayan bir durumun vahşeti gibi tam karşımda. Vazgeçmenin adıdır Hakk yolu, uzak olmaktır eşyadan. Çünkü aşk, tek başınalığın adıdır. Ey AŞK! Yaptığımız Ahdi sen bozdun sonsuz diyarlarda. Terk ettin gittin, bana aid iken.

Ve yalnız bıraktın beni ölümün diyarlarında. Senin farkın nedir Özümün Yâri, Yârenimin Dostu.

Ne kadar yakınsın bir nefes mesafede, oysa ne kadar uzak misli ile. Ruhumla sana seslendim duydun mu? Duyamazsın. Çağırdım neden gelmedin? Neden hiçbir şey doldurmuyor yerini? Neden hep zihnimin her köşesindesin? Tüm algılarımda yer aldın. Bulunduğum yerden, tam buradan sesleniyorum ötelere: Şunu eyi anladım ki, çırayı tutuşturan hasred imiş, Od olmak için, hiç sahip olmadığından bile vazgeçmek imiş. Göründüm bir çul içinde cesed, Ona HAYY verendir Hakikat. 'Gel, Gör Ben'i, Aşk Neyledi?'

Gel diyor, gör beni diyor, Aşk neyledi diyor. Nere gelem Yunus, seni nasıl görem, nerde görem Yunus, seni görmek Aşkı görmek midir Yunus? Sesim beka'dır duyana, lâkin suskunluğum fena'dır, fena. İşte insanoğlunun 'bilmek' isteği ile Hakk'ın 'bilinmeklik' dileği arasında âlemlerin yayılmasının sırrı.

Öyle çağırmasan nasıl gelirim sana Yunus? Sen hâl ol, ben sende kaybolam, hemhâl olam Yunus. Bu dünyaya deme acaip, şaşırma! Asıl hakikatine vardığında düşeceksin hayrete. Görünen çok'a aldanma, varlıktaki yokluğu idrak eden yürek, Hakikat zenginliği Hayretinde olandır. Gökler ağlıyorsa, yer de ağlar Yunusum. Deme mecnuna deli, belkim men deliyem, Aşkından biçareyem. Bedeninde taşıdığın ruhu Ve sana güzelliği bahşedenleri hatırlayabilir misin? Aşk tarlalarında iken içtiğin ahdi unutan Sen! Zulüm gökte değil yerdedir, Zulüm yerde değil, sendedir, Zulüm sende değil, nefsindedir. Işığımızla geldik Aşk diyarından, Artık karanlık suratları aydınlatmayacağız.

Işk'ın Elinden

Öyle biçareyim ki, bilmem nideyim Işkın Elinden. Kendi elimlen biçtiğim kefenimi, yine o el ile geydim üzerime. Ölmüşüm bedenimde, kendime ağlarım gayrı. Hangi dağa vuram kendimi, kim dinler ki beni. Saklansam kimseler görmese. / *Yunus'ca*

Aşktır Miraçları tamamlatan. Âdemîler ile İnsanîlerin geliş gidişleridir. Âdem evlatları inerler ki, insan evlatlarının kalkışına sebep olsun. İnsan evlatları yükselirler ki, Âdem evlatlarının inişine sebep olsunlar. Gök Erleri olan Âdemîlerin miracı turaba, yani toprağa yeryüzüne, Alçaklaradır zira güç ve kudretlerini Alçaklardan alırlar. Tapduklu Yunus da öyle bir Velî idi. Miracını turaba yapmış, gücünü Alçaklardan almış Yücelere erişmiş ötelere geçmişti.

Batın'dan Zahir'e, Zahir'den Batın'a iniş ve çıkışlara sebep olan aşktır. Aslında ne alçalma ne yükselme vardır. Her biri ilahî bir denge ve düzen içinde olmaktadır. Geliş Hakk'tandır, gidiş Hakk'adır. Âdemîler yokluktan gelen varlığa yol alan, miracı toprağa olan mezara giren bedenleri asla kavuşan. İnsaniler varlıktan gelen mezardan yokluğa dönücüler ruhları aslına kavuşan.

Yakîn gelene kadar kul ol. *(Kur'an-ı Kerim, Hicr Suresi 99. Ayet)*

TAPDUKLU YUNUS ŞİİRLERİNDE BATINÎ KAVRAMLAR

En basit ifadelerle doğmak, bir rahimden çıkıp nefes ile can bulmak, ölmek ise, son nefesi verip, canı terk edip, mezara girmektir. Oysa yakîn gelene kadar kul ol manâsı, batında yakîn gelince zahire, zahirde yakîn gelince batına yolculuğunda daima kul ol. Kulluktan maksat, teslim oldur. Tapduklu Yunus şiirlerinde, ölümü daima bâki hayata kavuşmak olarak nitelemiştir. O daima, doğarak var olmadığı gibi, ölerek de yok olmadığımız gerçeğini anlatmıştır eserlerinde. Varlıkların geliş gidişleri, onların miraçlarıdır. Tapduklu Yunus, yok yokluğun Dervişidir, bilinmezlerden bir bilinmez, ara ki bulasın, ona Yunus demişiz. Hayatı efsaneler ve rivayetler, söylentiler ile doludur bilinmek bulunmak istemeyişinin sebepleri vardır. O bedeni ile değil, yaşantısı ile değil, ortaya koyduğu sanatı ile anılmak istemiştir. Günümüze ulaşan eserleri çok azdır ve onların da kendisine ait olduğu daima şüphe altındadır. Tapduklu Yunus doğruluk sembolüdür.

Yunus'u Yunus yapan, anlaşılır bir dil ile şiirlerini yazışı değil, Tapduk Emre'nin kapısında kul oluşu, adanmışlığı, teslimiyeti ve sabır ile sebatıdır. Dost dergâhına tek bir eğri odun dahi girmemiştir ki, insanın eğrisi girebilsin. Hakk yolunda, ilim değil, irfan gerek.

Şiirlerinde sürekli zikrettiği 'Tapduk', onu Hakk'a vardıran bir şeyh görünümündedir, oysa Yunus için Hakk'ın kendisidir. Böyle birinin yaşayıp yaşamadığı ise meçhuldur, çünkü kendisinden yazılı bir kayıt ve bilgi bulunmamaktadır. Tapduk bir sırdır Yunus için, çünkü kul olmuştur Tapduk kapısında. Kulluk sadece Rabb'e ise ve bunu en iyi bilenlerden ise Yunus, neden Tapduk kapısına kul olmuştur? Çünkü Tapduk mahlası ile kullandığı Rabbidir yani öğreticisidir. Bunu en iyi zikr ettiği sırladığı sözleri vardır.

Bu konuşan çaresiz Yunus'tur, Tapduk Emre'nin sırrıdır diye belirtir:

AŞKA VARDIKTAN SONRA KANADI KİM ARAR

Söyleyen biçare Yunus, Tapduk Emrem sırrudur. */ Yunus Emre Divanı / Mustafa Tatçı*

Yunus bir vahşi, yırtıcı doğandı, kondu Tapduk koluna. Avcılığı öğrendi, hakikat avcısı oldu Yunus, çünkü o avcı bir kuştur, yuva kuşu değil:

Yunus bir toganıdı kondı Tapduk kolına, Ava şikare geldi bu yuva kuşı degül. */ Yunus Emre Divanı / Mustafa Tatçı*

Baba, o vakitlerde, dergâhın sahibi, gönül sahibi, ölmeden ölen, o bedende ikinci kez doğanların mahlasıydı. Baba Tapduk, Yunus'un yeniden doğuşunu sağlamıştı. Ve bu sayede Tapduklu Yunus, Tapduk sırrını, ma'nisini saçabilmişti dört bir yana:

Baba Tapduk ma'nisin saçduk elhamdüli'llah */ Yunus Emre Divanı / Mustafa Tatçı*

Dervişlerden bir Derviştir, kuldur Tapduklu Yunus. Çünkü Onun Tapduk gibi bir serveri vardı. Server, Yüce insan, Sevgili, Maşuk manâsındadır:

Yunus'dur Dervişler kulı, Tapduk gibi serveri var. */ Yunus Emre Divanı / Mustafa Tatçı*

Tapduk hakkında yaptığım araştırmalarda fazla bilgiye rastlayamadım. Bilindiği ismi ile Tapduk Emre, Yunus Emre'nin Piri'nin adıdır şiirlerinde çokça adı geçmiştir. Eğer Tapduk Emre'yi bir şahsiyet, bir kişilik olarak ele alırsak, onun hakkında yazılı hiçbir kaynak olmadığını buluruz. Yaşayan biri olup olmadığı konusu, esrarını korumaktadır. Hiçbir insan, diğer bir insana kul olmaz, sadece kul olduğu onun eğiticisi Rabbidir. Ben bir yazar olarak kendi fikrimce, Tapduk Emre'nin, bir mahlas olduğunu düşünüyorum. Yunus 'Rabbim' ifadesini Tapduk olarak kullanmıştır.

Tapdug'un tapusında kul olduk kapusında Yunus miskin çigidük
bişdük elhamdüli'llah / *Yunus Emre Divanı* / *Mustafa Tatçı*

Tapdug Gülşeni Tarikatında, ilahî nefes ve ilahî durak anlamına gelir. Tapduk, tapmak kelimesinden türemiştir. Tapdug aslında 'bulmak' anlamına da gelir. Çünkü gönül ehli, bulduğu ve bildiği şeye tapar, yani hizmet eder. Aşkı bulan Tapduklu Yunus, aşkın hizmetçisidir artık. Tapduk, Yunus için Aşk'tır. Tapduk'dan gelen, Tapduga yol alan Yunus'tur O. Yani Aşktan sadır olmuş, yine Aşka yol alan, Aşkı bulmuş Yunus. Aşkın elinden dediği, Tapdug'un elindendir. İlahî düzenin bin bir eli vardır yaratımın var oluşunu hamule ederken. Bir Eli de Aşk'tır ve payına düşen kısmı, Yunus için Tapdug olarak sırlanmıştır şiirlerinde. Gizemi koruyan bir bahsi daha vardır Tapduklu Yunus'un.

'Bal' ve 'Balum' Sırrı

Ba'al, Ba'lu 'm', Ba'lu olarak bilinen Baal Tanrısı, Arş'ta oturan Gök Tanrı'nın, Ortadoğu'da anılandır.

Seydi Balum ilinden şeker tamar dilinden Dost bahçesi yolından
eve Dervişler geldi / *Yunus Emre Divanı* / *Mustafa Tatçı*

Buradaki Balum ilinin hâlâ daha nerede olduğu bilinmemektedir. Seydi, Seyit, Seyidna kelimeleri, Efendi anlamını taşır. Soylu bir kandan gelenler için kullanılır. 'Ya Allah, Ya Seyidna el Hıdır' duasında olduğu gibi.

Yunus Emre'nin Balum olarak bahsettiği Gök Tanrı olabilir mi? Özellikle Tapduklu Yunus, *'ballar balını buldum kovanım yağma olsun*' der. Bal burada Hakikat bilgisidir, Yunus'u Hakk'a uçuracak kanattır, Arı da Hakk'tır. Kovan da insan bedenidir. Hakikat bilgisine ulaşan, hakikati bulan Tapduklu Yunus için, kovanın yani bedenin bir anlamı kalmamıştır. Yağmalansa da, un ufak olsa da bir manâsı kalmamıştır. Çünkü o Hakk'a kavuşmuştur.

Eve Dervişler geldi sözünde ise, gönül evine gelen nur ışığıdır. Nur ışığı ile gelen gaybın askerleri, gayb er'leridir. Tapduklu Yunus bu sözü sırlayarak 'Dervişler' demiştir. Tapduklu Yunus'u bir tekke ozanı, halk ozanı ya da halk şairi yapmak onu dar kalıplar içine hapsetmekle aynıdır.

O, gizemciydi, gizemli biriydi. Şiirlerinin her kelimesi sırlarla ve gizemlerle doluydu. Kulağa hoş gelen, insanı alıp götüren kelimelerin dizilişleri aslında ruha dokunan bir etki yaratıyordu. Çoğu çevreler onu 'ümmi' veya 'sünni' olarak lanse etseler de aslında o bir Bektaşiydi. Çünkü himmeti Hacı Bektaş Velî elinden almış, kilidini Tapduk Emre'ye vermiş ve gönül sırlarının anahtarına Tapdug elinden, dost ilinden, baba evinden kavuşmuştur. Işk'ın Eli'nden manâsı budur. Aşkın eli onu köyünden almış, Derviş kılmış Velîlerin erişebileceği en yüce makama, makamsızlığın makamına eriştirmiştir. Öğreticisi Tapduk Emre'nin, Yunus Emre'ye öğüdü *'Tembellerle ve her şeyi kötüye yoranlarla işimiz yok bizim. Soluk aldıkça sevmek ve sevilmek olmalı muradımız'* olmuştur.

Tapduklu Yunus, herkesi sevmiş, herkesle sohbet etmiş; gizlisinde ise uzak durmuştur kalbini bozanlardan, hazımsızlardan. Öyle gerekir çünkü. Yaratılan herşeyi hoşgörmüştür Çeşit çeşit, renk renk, her bir tınıda, ayrı güzellikte. Onun gözü Hakk'tan gayri hiçbir şeyi görmez olmuştur. Çirkinlikler örtülmüştür bir bir, yüreğindeki sevgi tüm pürüzlü tarafları düzlemiş, keskinleştirmiştir.

TAPDUKLU YUNUS ŞİİRLERİNDE BATINÎ KAVRAMLAR

Mansur mu oldum Ene'l Hakk diyeyim Kimim ki, Mevlana'daki
Aşkı bileyim, Yunus gibi dağtaş aşıp 'bana seni gerek söyleyeyim'
Anca kendimdeki haddi bileyim. / *Yunus'ca*

Basit'tir Tapduklu Yunus sözleri. En yalın hâli en anlaşılır
hâli olan Oğuz Türkçesi ile anlatmıştır derdini. Çünkü dert
onun için nimettir. Eserlerinde aktardığı, o vakitler en çok
konuşulan Arapça ve Farsi dili de olsa, kendisi yalın Türkçeyi
seçmiştir.

Hakikat Basit'tir, onu idrak ve anlayış seviyesine indirecek
'karmaşıklığı' yaratan zihindir. Basit manâsını anlayacak idrak
ve çoklu zekâlar, zihin yapısında olsa idik, Tapduklu Yunus'un
o Basit şiirlerini anlamamız çok kolay olurdu. Çünkü Basit'i
anlamak en zordur. Bu yüzden sembollerle sırlamıştır şiirlerini.
Görünen âlem ile görünmeyen âlem arasındaki en anlamlı köp-
rü 'sembol'dür. Bunu en iyi bilen Tapduklu Yunus'tur. Çünkü
onun bir çizgisi yoktur, nokta olmuştur her çizgiye. Her zerre
Allah ilmi iledir, Allah herkeste ve her zerrededir, lâkin Hakk
herkeste değildir. Hakk sadece Gönül Ehli olanlardadır, Tap-
duklu Yunus'un en büyük sırrı, Hakk'ın kendisinde vücud bul-
masıdır. Tapduklu Yunus'un bir sözü gönüllerde fırtınalar ko-
parır, bir manisi yakar, küle döndürür her hücresi, neleri açığa
çıkarır da, bizler baktığımızda hep aynı Yunusu görmüşüzdür.
Sanki o hep aynı kişidir, durur ve hiç değişmez. Oysa Tapduklu
Yunus manâlar âleminde yüzer, damlaları bizlerin yüzüne do-
kundurur.

Hal'den anlayanlar, ancak, o Hal içinde olanlardır. / *Yunus'ca*

Aşk, Yaradan ile Yaratılanlar arasında gizemli bir sır.

Biz ancak Aşka ulaşanların kelâmları ile yetiniyoruz. Anla-
maya çalışıyoruz.

Lâkin anladığımız, bildiklerimizin ötesine geçemiyor.

Çünkü sınırlılar ve sırlılar bunu anlayamaz.

Neden sevgi değil de Aşk? Çünkü Sevgi arz üzerinde henüz vuku bulmadı, tezahürleri henüz insanda yaşanmadı.

Sevginin çok maddesel boyutunu yaşıyor, ancak alışveriş anlayışından öteye geçemiyoruz. Pırıltıları var lâkin bizim anlayışımız ötesinde. Güneşin milyarlarca yıldır her gün dünyayı aydınlatması ve ısıtması, ayrım yapmadan eşit olarak tüm insanlara nüfuz etmesi, Sevginin çok basit bir örneğidir.

Sevgi Arayışı içinde olan Aşktadır. Sevgi bizatihi kendisidir, O'dur. Sevgisinden yaratmıştır Kâmil İnsanı ve üzerinde yaşayabilmesi için tüm kâinatı.

Sevgiyi şiirlerinde anmamıştır Tapduklu Yunus. Onun için Sevgi, Yüce Yaradan'ın kendisidir ve yeryüzüne sevginin zerresi dahi inmemiştir. Tüm derdi Işk olarak bahis ettiği Aşk'tır. Tek bir Aşk vardır dokunduğu, bu Tapduklu Yunus'un gerçekliğidir, kendi varlığının, Aşkın varlığında eridiği, bütünleştiği, tamamlandığı Aşktır. 'Âlemlerde gördüğünüz her güzellik benim Aşkımın eseridir.' Diye bize sırlarını verir. Bilir bunun sahibini Tapduklu Yunus, bilir de saklar yüreğinde. Tapduklu Yunus için davi ile sevi birdir. İnsan ya dava için gelir yeryüzüne, ya sevgi için. İkisinden birini seçmelidir. Ki her insan davalıktır birbiri ile ve her şey ile. İletişimde olduğu her şey ile davadadır. Tapduklu Yunus'un bâtınıliğinde bu böyledir.

> Derler ki bir taraf seç, taraf ol. Derim ki icap gereği olacaksa bir taraf'ım, o da Aşk'tır. Çünkü: 'Her zerre ve her 'şey' bir taraftır. Taraf olmayan tek 'şey' AŞK'tır. Aşk'ta soru yoktur. O, her taraf'a nüfuz eder, her zerreyi can'landırır hiç sorgulamadan.' / *Yunus'ca*

Sevgi sınırsızdır, şekli yoktur, ya bütünden seversin ya da gölgeler ile oyalanırsın. Ya seversin ya sevmezsin, ortası yoktur. Çünkü Sevgi güneş gibidir, doğdu mu her yeri aydınlatır, kötüye az, iyiye çok demez. Su gibidir, aktı mı, her yeri ıslatır, kötüye az, iyiye çok demez. Sevgi, suyun damlaları gibi her yere herkese nüfuz eder. Bunun dışında olan en ufak bir sapma dahi sevginin dışında kalan hâllerdir. Eğer güneş gibi, su gibi olamıyorsa insan yüreği, sevgide değil, davadadır. Bu yüzden Tapduklu Yunus, gelmemiştir dava için, onun işi sevgidir. Ancak Aşkı bulan, Aşka ulaşan, Aşk ile Aşk olan sevgi içinde olur. İnsanoğlu ne yaptığını bilmeyen, fakat her yaptığının sonucu ile muhakkak karşılaşan bir düzende ve icaplar döngüsündedir. Cahildir. Sorgular, ayırır, kendine uyanı sever, uymayanı redder, kalıplara koyar. Bu sevgi değil bir davadır. Herkes bir davadadır. Bir taraf olmuştur. Tarafsız olanı da dışlar, atar, çünkü tarafsız insan, taraf seçenler için her an dönmeye müsait biridir. Taraf değilsen, zayıf, güçsüz ve arkasız birisindir ve ezilirsin her an. Taraf seçmiş isen de iyisi ile kötüsü ile her şeyi kabul eden bir mahkûm olmuşsundur. Oysa Aşk tarafsızlıktır. Aşkta soru dahi yoktur. Tüm sorular tükendiğin de Aşka varmışsındır. Bu yüzden soru varsa davan bitmemiştir. Soru bittiğinde sevgi içindesindir.

Bez

Kün! deyivirdi yoktan geldik var'e, 'sebebi' ile dokudu, becid becid yaydı âleme. / *Yunus'ca*

Yunus'ca kitabını hazırlarken, 'Erik' konulu şiirinin bir kelimesinde, yaradılış ile ilgili vermek istediği bir mesajı yakaladım. Onca cümle, onca kelime arasında, sade, tek başına duruyordu tam karşımda. Hatta o şiir bilindik bir şiirdi ve birçok Âlim tarafından şerh edilmiş, üzerinde çalışmalar yapılmış ve gayesi anlaşılmaya çalışılmıştı. Tapduklu Yunus, dünyaya gelen hatta dünyadan geçen tüm insanlar arasında, yaratılış sırrına vakıf olmuş birkaç kişiden biriydi. Her bir Arif sırrı korumuş, lâkin bir tek Yunus sırrı açığa vurmuş, açmış, aktarmış, hem de yüzlerce şiirinin içinde, tek bir kelime ile.

Men arefe nefsehu fekad arefe Rabbehu Bildüm bunı buldum anı inkar iden gelsün berü / *Yunus Emre Divanı* / *Mustafa Tatçı*

Fakat birçok şiirinde sürekli bahsettiği bir söz de vardır Tapduklu Yunus'un 'bilmezem'. O daima 'bilmezem' diye başlar sözlerine, çünkü her an tazelenen yaratılışta bu anda seyrettiğinin bir sonraki andaki hâllerini bilmez. Çünkü her insanın bir âlemi, her âlemin binbir türlü oluşumu, her oluşumun türlü türlü hâlleri, her hâlin idraki vardır. Bu yüzden Tapduklu Yunus daima 'bilmezem' hâli içindedir ki yeni oluşumları doya doya seyr edebilsin, o kayıtlarını kullanmaz, tazelenen her oluşumu özümser kendi bedeninde ve aktarır ruhuna. Her oluşumun verdiği Cezb-i de kendine hâl eder, mâl eder.

Zengindir Tapduklu Yunus, çünkü o hâl ettiği her şeyin malına kavuşur, 'mülk an'da benim' edası ile. Daima 'bilmezem' deyip de, 'bildüm' dediği şey neydi? Hangi sırra kavuşmuştu? Sırrın bile içinde sırlar varken gönül ehli, Hakk dostu olmuş Tapduk'lunun Yunus'u için bir sır var mıydı?

Gönül ehlileri için bir sır yoktur, sırrı sır yapan zaten onlardır. Her şey aşikârdır, her zerre Rabbin mührünü aşikâr hâle getirir, şahadet bu âlemdedir, yani görünen âlemde. Böylece bir sır yoktur ortada. Kayıtlar âleminin tutsaklığına gömülmüş insan göremez her zerredeki Aşkın çığlıklarını, feryatlarını. Bunu görenler ancak, gönül ehlileridir. Her Velî, gönülden seyrettiği âlemin yaratılışını aktarmış, fakat bunu sırlayarak, sembollerle, üstünü örterek. Kayıtlar âlemine takılmış, uyuyan insanlar için fazladır bu bilgiler, çünkü bilgi, kullanılmadığı idrak edilmediği müddetçe ateş olur yakar, kavurur bedenleri. Bilmezem demiştir Tapduklu Yunus, her ne kadar şiirlerinde açık açık bildirmişse de, bir yere kadar gelip sembolleştirmiş, üstünü kapamıştır. Çünkü Hakk yolunda bir Derviştir, bu yola girmenin ilk şartı, gerdanını Hakk Kılıcı altına koymasıdır. Gerdan Âşıktan, Kılıç maşuktan. Ölmeden ölmelidir Derviş, sonra tüm sıfatlardan bir bir soyunarak üryan olur hakikat nehrinde. İkrar kemendini boynuna, himmet gömleğini sırtına geçirir, Edeb Hırkası ile kuşanır, Aşkı daima nefsinin önündedir. O kapı dileyen herkese açıktır ardına kadar. Fakat diyetleri ve binbir çilesi vardır. Çünkü Hakk kapısından Aşkını nefsinin önünde tutanlar girebilir.

> Gerdan, kılıca fedâ ola, Can Hakk yoluna kurban ola, nefes kese bir ola, bir Hakk bilirim gerisi yalan ola. Ora, bura çekiş tire, her bir yanı kuşata, aklı çele, ruhu sıka, bir Hakk bilirim gerisi yalan ola. Ben, ben didim, nice oldu sordum, kime ne ki ne yaptım, bir Hakk bilirim gerisi yalan ola. / *Yunus'ca*

Fakat 'bildüm' ile işaret buyurduğu ve yüzlerce şiiri arasında bir kelime ile sunduğu apaçık bilgiyi de bize sunar.

> İplik verdüm Çulhaya, sarup yumak itmemiş, Becid becid ısmarlar gelsin alsun bezini / *Yunus Emre Divanı / Mustafa Tatçı*

Daima 'Kendini Bil' işaret edilmiştir. Peki insan kendinde neyi bilmelidir?

> 'Hüve meakum, eyne ma küntüm' 'Sen her nerde isen seninleyim, yakînim'. *(Kur'an-ı Kerim Hadid Suresi, 4.Ayet)*

İnsanla birlikte olan, insan nerede ise onunla olan bir Rab, bir an savaşın içinde, bir an dağın zirvesinde bir dağcının gönlünde, bir an Afrika'da açlıkla mücadele eden bir bedende ölümü tadarken, bir an kutuplarda fok balıklarını katleden bir adamın ellerinde. Daima benimle, istisnasız herkes ile. Aramızda mesafeler, perdeler var lâkin bu senin tarafından benim tarafımdan değil diyor O, 'ben yakînim' uzak olan sensin. Peki

Rabbimiz neden 'sen nerde isen seninleyim' demiş ayetinde? Kendini bilirsen ancak beni de bileceksin demiş. Kendinde neyi bilmelidir ki insan? Peki O neden sonsuz yaratılıştadır? Soru usuldendir. Her birimiz, tüm soruların cevaplarını bilmekteyiz, lâkin zamanı gelmediği için zihnimizde yer almazlar. Zamanı gelmeden hayat bulan hiçbir nesne yoktur kâinatta. Bu yüzden insan daimî sorular içindedir.

İnsan 'bütün' olmayı, bütünlüğün parçası olmayı diler.

Bir olalım ister. Fakat gel gör ki, dünyaya bakıldığında daha çok parçalanma, bölünme ve ayrılma vardır. Aynı itikatta aynı düşünce sistemi içerisinde, aynı ailede bile herkes ayrılık içindedir. Bütün parçalara, parçalar zerrelere yayılmakta âdeta. O bölünmek, zerrelere dağılmak istiyor çünkü İlahî Oluşum için sayıda artış değildir bu. Ne kadar çok ise, o kadar birdir aslında.

Hakkın iki eli olan Aşk ve Kudret ile ayet ayet dokuduğu Âdem Levhasındaki, Yaşam Kumaşındaki hakikatini, yeryüzünde okumak içindir bölünmeler, zerrelere ayrılmalar. O görmek istiyor, yaratılışın sonsuzluğunda daha ne kadar sayıda bir, çoklukta sonsuz dizilişlerini. Ve varlıkların neler yapabileceğini özümsemek istiyor, bilinmeklik diliyor. Aslında 'bilmek' istiyor. Bilmek isteyen Hakk, 'bilmezem' diyen Tapduklu Yunus'dur. Tapduklu Yunus sadece kendindeki haddi bilir, gerisini bilmezdir. Tapduklu Yunus 'hâl' içinde iken, Rabbi onunla 'hemhâl' olagelir.

Hakikat, bilinmez oluştadır, hayretleri arttıran bir tek O'dur. Her hayrette açığa çıkan yaşam bilgisi, O'nun tarafından özümsenir, Yaşam Kumaşına dokunur, becid becid yayılır âlemlere. O, An'da iken, varlıklarında her özümsediğini, bir sonraki An'ın var oluş 'bez'ine dokur ayet ayet. Bu sayede, her an tazelenir kâinat ve insan ruhundaki âlem. Tapduklu Yunus'un, bildim dediği bu idi. Aşkı aradı durdu, buldu ve bildim dedi. Aşk değiştirmedi Tapduklu Yunus'u, uyandırdı. O hep aynıydı, bir an önceki kişiydi, sonsuza kadar olan aynı kişiydi, asla yeşermedi aşk tohumları onun gönlünde, zaten daima vardı, hiçbir vakit renk değiştirmedi, hiçbir noktada olmadı. Tapduklu Yunus sadece uyandı, kayıtlar âleminden, Dostlar evine bir nazar eyledi. Ruhunun hızına yetişemedi bedeni, daima nefsi ile savaşan, yine rakibi kendi olan bir şahsiyetti Tapduklu Yunus. Bilmezem dedi edebi ile, lâkin 'bildim' kendimi dedi.

> Sürekli ışık kör eder, sürekli karanlık kayıplardır. Her ikisinin dengelenmesi gerekir varlıkta. Yarısı zirvelere ulaşırken Işığa, diğer yarısı da derinlere daha diplere karanlığa. Yaşam nuru gökten, yaşamın suyu topraktan. / *Yunus'ca*

Daima kıskanılandı, meyveleri irileştikçe kendisine atılan taşların büyüklüğü de irileşti, canı daha fazla yandı, yandıkça yandı, her bir yanışta daha çok uzandı o hasret çektiği Rabbine. Başı göklere ulaştıkça, kökleri toprağın derinliğine, karanlığına indi. Gökten huzur ile, yerden taş ile beslendi. İkisini bir etti, rahmeti yerde buldu, parıldayan kamberini yerde gördü. Gölgeler diyarında kendi gölgesini buldu Tapduklu Yunus, yüzünü nereye döneceğini bildi, o hem toprak insanıydı ne istediğini bilen, hem gök eri idi kendi huzurunda olan.

> Saçımın her kıvrımı, yüreğini dağlayan yiğit, sen sev ki cihan görsün, duysun, bilsin. Varsın O Yâr bilmesin kıymet, sen sev ki gönlün güzelleşsin, açılsın ardınca bir bir kapılar, cihan olsun sana cennet. / *Yunus'ca*

Tapduklu Yunus, ilahî yaratılışın ayet ayet dokuduğu yaşam **'bez'**inde bir iplik olmuştu. Bilmeden katkıda bulunurken yaratılışa, gönül kilidi açıldığında ise, bilenlerden oldu. Artık hayâlleri yoktu Tapduklu Yunus'un. Bizler onun hayâl kurduğu zannında idik. Oysa o, inşa›ladaydı. Zihnin içinde iken hayâller ile boğuştu, zihnin kayıtlarından azat olduğunda ise inşa'lardaydı. Beklenti, bekleyenler içindir, hayâl geçmişe gömülenler için. Tapduklu Yunus'un farkı, inşa'ları oldu, Hakikat ise kendi belirlediği. O yaşam bezinde bir iplikti artık, karar veriyor, kendisine gelen İlahî Nur'u, lâyıkı ile hamule ediyor, hâl ediyor, mâl ediyor ve aktarıyordu. İlahî irade, o kadar çok yönlü ki, insanın algıları en fazla iki tarafı da keskin olan 'zıt lık' prensibi olan dualite kavramı içine gömülüdür. Hakk'ın Şuur Alanı sonsuz kenarlıdır.

Tapduklu Yunus gören gözlerini kör eyledi, hayır ve şerri bir gördü gönül gözünde, o sonsuz kenarın hangi tarafında ise, tüm ruhu ile tam orada oldu, menzil tayin etmeden. Çünkü menzil sadece Hakk'a aittir. Hakk ile arasına hesap koymadı, çünkü Hakk hesap tutmazdı. Hakk'ın nazargâhı gönüldür, gönülde sayıya yer yoktur. Çünkü bir ile sonsuzluk arasında bir fark yoktur gönül sahiplerinin. Ve her şey Hakk'ın cilvesi idi Tapduklu Yunus için, bâtıni sırlar özeldir kişiye aittir, bunun bilincinde idi. Hakikat kendisinin belirlediği idi, bir hakikat yoktu ulaşılması gereken.

Uyandı Tapduklu Yunus, uyandı kendi hakikatine, kendi gerçekliğine, her şeye 'bilmezem' diyen Yunus, bir kendimi bilirim dedi. O dünyada bedende yaşayan olmadı, gönül dünyasını inşa edenlerden oldu.

Fısıldadı usulca yanan Yunus, Derviş Yunus, aşk Yunus 'O beni hayâl ediyor, beni istiyor, beni diliyor. Bütün sırlar bunda imiş, o benimle öğreniyor, biçare Derviş iken muhtaç idim O'na, lâkin O bu yokyoksul Dervişe muhtaç imiş. Tüm nefsimin gerisinde Aşk manâsı bu imiş, o benimle öğreniyor, ne yapabileceğimi bilmek istiyor. Sonsuz yaratılışının sırrını şu çulsuz Dervişinde görmek istiyor, görerek bilmek istiyor. O'na ulaşmak manâsı yoktur, ya O'ndasın, ya kendinde. Hayâl etmeyi bıraktım gayrı, hayâl beni hayâl etsin bundan gayrı, artık İnşa'ları var bu Dervişin. Ve Hakkım, sen bir ateşten deniz, bense mumdan kayığınım, geçiyorum eriyip yok olmak istiyo rum yavaş yavaş, Sevginin en görkemli yakıcılığında, Aşkın en derin mesafesinde ve gövdeme çarpan alevli dalgalarında. Korkmuyorum, korku nedir bilmez oldum, sana ulaşmak ise tek ümidim, tüm soru lar bitti, bir Sen kaldım Ya Rabbim. Soru ne idi? Sen var isen soru yok, soru var ise Sen yoksun Ya Rabbim.

Hâl nerede yaşanacaksa, arzu edilen yerdedir Can. Enesiz Hüve olur mu gayrı? Bensiz Sen ne eylesin ki, Sensiz bir ben de yok. Hiçbir şeye ait değilim, hiçbir şey bana ait değilken nasıl derim ben, işte diyorum her şey sen. Beni arzu ettiğin yerdeyim Ya Rabbi. Arzu ettiğin yerde Sen›i inşa ediyorum, iplik iplik dokuyorum yaşam bezini. Kumaşı, yine kumaş diker. Kumaşın özü de iptir, kumaşı birleştiren de. Dokuyorsun iplik iplik ayetlerini bez ettin, bez âlem idi. Hem yarattın âlemi dokuyan oldun, hem indin dokunan oldun. Görünen cisim fâni, ona yaşamı veren bâki, her nefesi hak ettiren, var edene hamd olsun. Ya Rabbim, Özünden ayrı düşmüşler ancak taklitten ve gölgeden ibaret imiş, sen beni Özüme kavuşturdun hamd olsun.

Koca bedenimi kırdım kırdım, her bir parçayı balyoz ile parçaladım un ufak eyledim, her bir zerrem yandı yandı küle döndü, Sen de benimle bölünmedin mi, benimle yanmadın mı Ya Rabbim? Ben öğrendim bildim, Sen de benimle öğrendin bildin Ya Rabbim.'

Yanıyordu Tapduklu Yunus. Pişiyordu, eriyordu, sesi gökle re erişiyor, yağmur olup yağıyordu rahmeti ile. 'Yakîn geldin. Sen göğünde kaldın ucrada, ama gizlinde. Lâkin benimle yerde idin apaçık aşikâr ama turab çamurunda. Aradaki perdeler benim zihnimde imiş. Aşağıların aşağısına iner iken, hiç dönüp bakmadım geriye, unuttum gayrı aslımı, her bir katmanın hicap oldu örtüldü, ben ışığında kaldım, Sen kendi karanlığında, ben imtihanında idim, Sen benimle öğrenen oldun. Çünkü ne yapacağımı bilmedin, bilmek istedin. Kusurda idim, eksikte,

AŞKA VARDIKTAN SONRA KANADI KİM ARAR

Sen ise mükemmellikte, tamlıkta. Dertten yağmur versen de gönül razı, hep razı, Sen ilen benim aramda engel sadece bir ben imiş, gördüm bildim hamd olsun. Ben ne isem sen de O, Sen ne isen ben de O. Işk'ını ulaşılacak varılacak zannettim, oysa Aşk Sen imiş, Aşk ben imiş, Can buldum hamd olsun. Diller Aşk dedi, gönüller Aşk diledi, bir tek bu Derviş kulun Yunus Aşk idi Ya Rabbim hamd olsun. Her bir ayağın tozu oldum, o ayakların bastığı eşik oldum, Hakikat basamağını tırmandım, sana kavuştum Işk oldum hamd olsun. Er idin hatırladım, ne arıp durun çul'da huzur, var bir huzur Hakk'ta, yer malı yalandır, binbir adı vardır, var da bir adı yeterdir, o da Zahir de Zahir, ya Rabbim hamd olsun. Eşik atlamak için önce eşik olmak gerek bana.

Erdim şükür, lâkin erimedim hâlâ. Odunumu getirdim, kendi ateşimde yaktım iman dediler, gönlümü sana verdim Işk oldum küfr dediler. Her bir yanımı dağladılar, kor ateşlere saldılar da, senin gül kokun yeter bana Ya Rabbim hamd olsun. Gönlümün her zerresini dolduran Aşk, Hakk Dostunun aşkıdır, nereye götürdü ise oraya sürüklendim, söylediğim her söz O'nadır, ne kalem tükendi bende, ne bendeki O'na olan Aşk. Geçtim öyle bir dereden, dertten kederden, ben sustum lâkin O çağladı. Ben coştum O sustu. Ne O benden geçti, ne ben kurtarabildim kendimi.

Ezelden beri çok kereler vardım eşiğine, kapının ardında bekledi, şimdi ruhum O'nun çöllerinde bir Derviş olmuş dolanmakta. Yalnızlığın en derün yalnızlığında, tek kanat olmuşum uçarım göklerde, vakti gelince o kanadı da terk ider edası ile. Sevgi içinde olanlar bilirler sevildiklerini de sevilmek zor iştir. Lâyık olmak zorlardan bir zordur ki hiç sorma ya Rabbi hamd olsun. Güzellik, bende aşka geldi vücud buldu, ben aşka kurban oldum, hamd olsun' Coştukça coşuyordu ruhumdan Yunus'ca.

TAPDUKLU YUNUS ŞİİRLERİNDE BATINÎ KAVRAMLAR

O nasıl bir işve nasıl bir naz, gönüle bir yerleşmiş ki honaz, susturmuş bu coşan Yunus'u, yalnızlığında sessiz bir çığlık, bir avaz. Nedir acelen, yetişmek nereye, uçtun uçtun da bul dun bir yer konacak, bunun için midir ki tüm bu telaş? / *Yunus'ca*

İnsan, kendi sonsuz yaşam alanından alınmış, çevrilerek aşağıların aşağısı olan, dünya denilen kısıtlı ve dar bir zemine, tek başınalığa ve yalnızlığa terk edilmiştir. Gereken her şey kendi içimizdedir. Şimdi bunun zamanı gelmiştir. Aslında kimse kimseye muhtaç değil. Eğer farkındalık, okunan şeylerle olsaydı, bunu Yunus'tan, Mevlâna'dan, Arabi'den, günümüzün üstatlarından okuyarak da yapabilirdik. Onlar yetersiz miydi? En büyük üstatlardı. Şimdi Özümüzdeki kendimize ait olan kutsal parçayı bedene indirme zamanı. Hep ulaşılacak, varılacak, beklenip sabredilecek ve küçük bir zaman dilimi olarak yaşamı algılamanın ötesinde, sonsuz yaşamın, ayet ayet dokunmuş **Kâinat Bezi**nin varlığını idrak edecek, kutsal olan o İlahî parça ile neler yapacağımızı göreceğiz.

Tapduklu Yunus'un sırrı aşikâr oldu, Hakk da bilmiyor bizimle öğreniyor. Çünkü Bilinmez olan, bilinmeklik dilerken, bilmeyi de diliyor. Yarattıklarının hâllerini bilmiyor ve öğrenmek istiyor, yaşamı varlıklarında özümsemek istiyor. Her insan varlığı ile, yeni yaratılışlara katkı sağlıyor. Rab plânı, insanı eğitir bilinir. Oysaki insan Rabbi eğittiğini bilgilendirdiğini bilmez. İnsan katkı sağlar Rabbine, ki Rabbi de insanı eğitecek yeni imtihanlar hazırlar. Her Rab plânı değişmez değildir. Rabbi de üst plâna atar, bir üste Rab üstü Rab plânlarına. Rab plânın senden öğrendikçe, seni bir üst merhaleye taşır. Hem sen öğrenirsin hem hiyerarşik düzendeki tüm Rab plânları.

Rab insanı geliştirir, insan da Rabbini. 'O dilemedikçe sen dileyemezsin' ayetinin açılımıdır bu. Rabbin bakar senden lâyıkı ile iletiler geliyor, seni bir üst merciye havale eder. Tekâmül basamaklarını bir bir ama yavaştan çıkmaya başlarsın. İşte insanın yaratılışa katkısıdır bu. İnsan geliştikçe, İlahî düzenin geliştiği, İlahî Var oluş geliştikçe, insanlara yansıdığı ve geliştirdiği ortak bir düzendir yaratılış. 'Ol' ile 'Yaratım' farklıdır. Kün Fe yekün. Kün! der ve 'yekün' oluşur. Cevherler oluşur. Fakat yaratımın içine zaman kavramı girer. 6 günde yaratım denir Hadid Suresinde. Ol'da zaman yoktur, yoktan vara gelir. Yaratım ise sebepleri ile süren zaman kavramını içine dâhil eder. Mutlak, Ol dediğinde salt cevherler oluşur. Yaratırken o cevherlerin neler yapabileceğini de katar yaratılış hamuruna.

Tapduklu Yunus'un yüzlerce kelimesinin ardında bir kelime ile bize sunduğu **'bez'** işareti ile satırlara yansımış ve sizlerin gönüllerine mihman olmuştur. **Yaşam Kumaşını** dokuyan el ile, dokunanlar aynıdır. Kumaşı kumaş yapan iplik ile dokunan **bez** de aynı cinstendir.

Arayan, daima bulandan kıymetlidir. Çünkü bulan menzil tayin edip derin uykuya dalmış olandır. Buldum rehavetine kapılandır. Oysa arayanın arayışı, çabası, sabrı hiç bitmez, daima hâller ile yaşaya yaşaya hizmet eder Rabbine. Daima aktarıcıdır insan, düşer, düşse bile nasıl kalkılacağını bilir. Hakk'ın Rahmetli eli, daima arayanın üzerindedir. Boş bırakmaz, yalnız komaz yaban ellerde, çaresiz bırakmaz. En bedbaht olduğunu sandığı anlarda bile en yakın olandır O. İnsana kendinden bile yakındır. Rabbi de öğrenir kulundan, bir sonraki yaratılışını hazırlar aşk ile. O halde her insan, yaratılışa, varlığı ile hizmet etmektedir. Çünkü bir anda yaratılışın tüm hâlleri toplanır, diğer andaki yaratılışı hazırlar. Her bir iplik, yaşanan hâllerin bütünlüğüdür, dokuduğu kumaşı tazeler.

Sen idrak ettikçe, seni yetiştiren program da gelişiyor, o geliştikçe sana olan imtihanların seyri değişiyor. Yaratımın seyri değişiyor, kâinatın yaratılışı tazeleniyor, can buluyor. Sen onu, o seni geliştiriyorsunuz. Her insan, varlığı ile yaratı lışa katkı sağlar. / *Yunus'ca*

Biz bilinceye kadar, bize belli oluncaya kadar sizi imtihan edeceğiz. *(Kur'an-ı Kerim, Muhammed Suresi, 31. Ayet)*

Tapduklu Yunus, Tapduk'tan gelen yine Tapduk'a yol alan Yunus, dertlendi diyecekleri var hele dinleyelim. Yunus'ca olarak dile geliyor bu ayet üzerine: 'O da bilmiyor, benimle öğreniyor, öyle bir karanlıktaki kendini ancak benim nurumda seyrediyor, öyle seviyor beni. Tüm bahşettiği yetenekleri ile bir mucizesiyim ben O'nun. O kendini sırladı, benimle aşikâr oldu. Mutluysam mutlu, hüzünlüysem hüzünlü. Dipsiz karanlıkta oysa, zerre kadar ışık yok ama muazzam yaratılış yeteneğine sahip, hiçbir şekilde bilmiyor kendini. 'Nasıl öğrenmek isterdin Yunus' diyor bana sessizlikten avazı ile. 'Nasıl öğrenmek isterdin Yunus, nasıl bir düş kurardın Yunus. Kendini görmek istemez miydin Yunus, sonsuz yaratılışının nasıl yarattığına şahit olmak istemez miydin Yunus?' Âmâ'da, yalnız ve tek başınayım, kusursuz ve sonsuzum, bilinmeklik istiyor, bilmek istiyorum, ne büyük keder' O kendini, kendinden seyreyler. İki yoktur bir vardır. Tek O'dur. Dipsiz karanlığında teklikte, Nurunda yarattığı âlemlerde çoklukta. İşte en büyük erdem O›na aittir. O erdemdir. İşte o erdeme ulaşan, Hakk ile Hakk olan, Hakk dostu Tapduklu Yunus. Kader üstü kaderî plânlara ulaşmış, Arşa değmiş, perdeleri bir bir aralamış, her bir gidişte yakınlığı hiç azalmadan, yakınlığı bir nebze dahi artmadan ilerlemiş ve onun da ötesine geçebilmiş yüce gönül sahibi Yunus. Dünyanın kaderinden azat olmuş, kader üstü kaderî plânlara doğru seyretmiş bir Yunus'tur Tapduklu Yunus. Bedenini sırlamış, her zaman ve mekânda var olmuş Yunus.

Hakikat okyanusu derindir. Ya soğuktur ya sıcak. Sen daima narda olacan ki, ne donasın ne yanasın. / *Yunus'ca*

AŞKA VARDIKTAN SONRA KANADI KİM ARAR

Allah, sizin de Rabbiniz, bizim de Rabbimiz. (Kur'an-ı Kerim, Şura Suresi, 15. Ayet)

Sadece Tapduklu Yunus değildir, Yunus gönüllüler de taleplidir. Sonsuzluğun Öğreticileri, 'talep'lerimizi bekliyor. Onlar öyle istekliler ki, bir ışık yakana dokunuveriyorlar sonsuzluktan. Önce insan atacak adımı ki, o adım atılmadan yanaşmıyorlar kimseye. Bunun bilincinde ve farkında olarak, uyanmayı dileyenlere ulaşacaklardır. Öyle ki, sonsuzluğun yaratıcıları çeşitliliği, renkliliği, ayrılığı, farklılığı seviyor. Her bir rengin göz kırpışlarını seviyor, günahkârı da, sevapkârı da, imanlıyı da, küfrde olanı da. Kendini reddedeni de, kabul edeni de.

Cilveler cilveleşmeler, oyunlar, ilahî dalgalanmanın esası nı oluşturuyor. Her bir nefesinde yaratılanlar, sebep olanlar, her birinde ayrı bir dengeyi oluşturuyor. Yaratılışın dengesi muazzam. Hiçbir şey diğeri ile aynı değil, benzer değil. Her biri ayrı ayrı salınıyor sessizce. Her bir cilvede, her bir oyunda, her bir dalgada yeniden öğreniyor Sonsuzluğun Yaratıcıları. Bizimle öğreniyor. Çünkü erdem, mükemmellik, bilinmezlik, bilinmek istemek, bilmek istemektir. Kur'an'da vahyolunduğu gibi 'Biz bilinceye kadar sizi imtihan edeceğiz'.

Her birimiz, ilahî kanunlara tabi olurken, O'ndan aşk ile kopuşta, gönderemiyor, kıyamıyor, gözü gibiyiz O'nun. Çünkü Zahir isminin manâsında gözleriyiz onun, gözümüzden bakan Hakikattir O. En kötünün kötüsünde bile nazar eyliyor kendini. Asla bırakmıyor yalnız. 'Seninleyim' diyor, 'Sendeyim'. Öyle seviyor ki her bir zerresini, her bir yarattığını. Paha biçilmez bir sevgi ile. Ama bilmek istiyor. 'Bilmek isteyişi, hasretliğinin önünde, yoksa bizi koparmazdı bağrından'. Gönül evinden koparması, zahir denilen ismin tezahürüne yollaması, Yaradan'ın en büyük sırrıdır, alâmetidir, nimetidir. Varlıkların da en büyük derdi, Hakk'ın gönül evinde iken birden çokluk ta ayrı düşmüşlüğün hasretidir.

'O maşuk'a en A'la Belâ'yı dertliyor, lâkin kimsenin ulaşama dığı huzuru bahş ediyor'. / *Yunus'ca*

Fedâ en büyük erdemdir. Erdem de ilahîdir. Erdem, 'öğrenme' ve 'bilme' gayesinin en yüce hâlidir. Erdeme sahip olanlar sadece gönül ehlileridir. Zirveden Zirveyi gören Hakk, dipten de dipleri görmek ister. İşte bu O'nun sahip olduğu en büyük erdemidir. Ya yarattıklarının gönül nazarından ya da bilâkis kendini tecelli ederek. Hem Gören ve İşitendir, hem de Zuhur eden Tecelli olandır, örtünüp bürünerek açığa çıkan.

Gizlisinden, kendini sırlayarak aşikâr olması, Hakk'ın erdemidir ve fedâsıdır. Tüm yaratılmışın gönlünden nazar eden gören ve işiten olarak, lâkin seçilmişlerin gönül nazarından da kendi görmek ister bilâkis. Seçen ve seçilen de yine kendisidir. Fedâ Hakk'ın adıdır, fedâ eyleyen Hakk'da Hak olandır. İşte Tapduklu Yunus, Hakk'tan halk'a, halk'tan Hakk'a seyrinden daimî fedâ hâlinde idi. 'Nesne nedür bilmezem' der iken şiirlerinde, dünya çamurundan beri duranlardandı, Hakk, Tapduklu Yunus'un beden kadehinden zuhur etmiş aşikâr olmuştu, bu yüzden *nesne nedir* bilmez idi.

> Aşk Yunus, sen canunu Hakk yoluna eyle fida. Bu şeyhıla buldum Hakk'ı ben gayrı nesne bilmezem / *Yunus Emre Divanı* / *Mustafa Tatçı*

Beri Duranlar

Ebrar olanlar, yani beri duranlar! Nereden beri duranlar? Çamurdan. Ebrar demek Hakk'a yaklaşan, çağrıya kulak veren Hakk ile Hakk olmuş gönül ehli, dünya çamurundan uzak duran manâsındadır. Kâfur diyor, yani sıfat. Kadeh diyor yani beden. Hakk'ın sıfata bürünmesi örtülmesi, kâfur denilen beyaz ve yarı saydam yaşam içeceğinden içmesi. İçecek olduğu ilahî kadeh 'beden'dir. Beri olursan dünyadan Rahmanî, çamura bulanırsan beşerî olursun anlamındadır.

> Beri duranlar, içinde kâfur bulunan kadehden içecekler. *(Kur'an-ı Kerim, İnsan Suresi, 5. Ayet)*

Hakk'tan Halk'a, Halk'tan Hakk'a, daimî bir yolculuk bu, zaman içinde bir seyr. Hakk'ın en büyük erdemi, fedâ'dır. Ölümsüzler, abı hayat içinde iken, hiçbir zaman sahip olamayacakları 'tat' hâline ulaşmak için, her an fedâya ve terke hazırdır. Ölümsüz iken fedâ olur, ölümü tatmak için bedene tecelli ederler, kendilerini sarhoş eden kâfur içeceğinden içerek. Kâfur unutmaktır. Ölümsüz olan unutur, ölümlü olur, ölümü tadar. En büyük erdemidir; Ölümsüz olanın ölümü tatmak gayesi ile bedene sırlanması. Tapduklu Yunus şiirlerinde, apaçık ve dahi bir o kadar da sırlayarak bize sunmuştur Hakk'ın kendi bedeninde tecelli buluşunu. 'Benimledir dost, artık hiçbir nesne bende bâki değil' der Tapduklu Yunus. Gündüzünü geceye sayar Tapduklu Yunus. Çünkü 'gece' Hakk'dır, gündüz halk. Gece gizdir, gündüz aşikâr. Hakk dipsiz karanlığında, halk ise Hakk'ın nurunda yaratılanlardır Tapduklu Yunus için. Bu yüzden Yunus, gündüzden geceye seyreden bir kervandadır artık. Dost dediği Hakk, gönlünde tecelli bulmuş, kendi bedeni beri olmuştur, artık Yunus, dünya denilen nesne çamurundan uzak, Hakk'ın gündüzünden, gecesine yol almaktadır. 'Şebgir' dediği gündüzden geceye yol alan kervana binmiş, Hakk ile Hakk olmuş gönül sahiplerinin adıdır.

> Benümile dosttan artuk hiçbir nesne bâki degül, Günümi ol harca sayam dünümi şebgir eyleyem / *Yunus Emre Divanı* / *Mustafa Tatcı*

TAPDUKLU YUNUS ŞİİRLERİNDE BATINÎ KAVRAMLAR

Tapduklu Yunus, bedenin hakkını, bedenin içinde iken tam olarak verenlerdendi. O, Ab-ı hayat içeceği olan kâfuru, beden kadehinden içmiş, daha sonra ebrar olmuş yani dünya çamurunu terk etmiş, kendini dünyanın nesnesinden azat eylemiş ve 'bilmezem' olmuşlardandır.

'Geceyi bekle, gece Aşk dile, gece yapılan her şey makbuldur. Gündüz aydınlığı sadece dünya işleri için berekettir. Gece O'nunla olmak için en makbul zaman.' / *Yunus'ca*

Dünyanın kıymetine varmış, nesnenin hakikatini görmüş, özenmemiş herhangi başka birşey olmaya. İnsan sıfatının derinliğine varmış, insan olmanın hâl sanatına ermiştir. Günümüz modern insanların 'melek, uzaylı, siriuslu, tanrı, put' gibi özentilerine hiç düşmemiştir. İnsan olmanın hâl sana tına vakıf olamamışlar, çerçöp, taş toprak, yaptıkları put, uzaylı, melek ve birtakım ruhlara özenti hâlinde, onları baş tacı ederek, yaşamaya devam edecekler. Çünkü âlemde ne varsa İnsan'a secde etmiştir. 'İnsan' olmak en şerefli erdemdir Tapduklu Yunus için. En basit, sade, salt ve özüne sadık bir insan olma hâl sanatı yolundan gitmiştir. Çünkü biliyordu Tapduklu Yunus, sırra vakıf olabilmişti.

O, kendinden olmayanın içinde kendini bulmaya çalışıyordu. Kendi aşk idi, öyleyse, aşkın olmadığı henüz verilmediği dünya nesnesi içinde kendini tanımalıydı. Bu yüzden geceden gündüze yol aldı, tanıdı bildi, tekrar gündüzünden gecesine yola revan oldu.

Gönül erbabları, ancak kendinde olmayanda bulacaklardı hakikatlerini. Hakikat ne idi? 'Güç ve kudret ile sıçrama'. Dünya nesnesinde, dünyanın çamurunun en diplerinde vardı bu. Alçak'lardan alacaklardı gücü ve kudreti, bu onları Yücelere eriştirecekti. Hakk ile Hakk olan Yüce Nur, kendi menzilini fedâ ederek, iner yeryüzünün en diplerine unutur orada kendi hakikatini. Nefsinin karanlıklarında yol alır ve oradan kavuşur güce kudrete 'bilmez' iken yaratımın sonsuzluğunu, 'bilir' olur. Bir bir açılır ona kâinatın her zerresinde aşikâr olan Aşk. Alçakların gücü kudreti ile tekrar Arş'a değer, Yüceliğe ve onun da ötesine ve daha ötelere. İlahî dalgalanmadır bu, kendinden kendine bir akıştır. Yaratımın 'Zaman' ile hamur edilmesi, 'Yaşam' ile yoğrulması, ayet ayet, iplik iplik dokunmasıdır **Âdem'in Yaşam Bez'**inde.

Herkes bir sır peşinde, herkes istisnasız. Sırrın 'sen Tanrısın' demesini beklercesine. Peki Tanrı olduğunu bilsen bu sana ne kazandıracak? Yine dünyadasın yine uğraşlar peşinde, faturalar, çalışmak belini kırmaktadır. Ya peki hani sen Tanrı idin? Tanrı fatura öder mi? Tanrı olmak, İlah olmak, Melek olmak, Sirius'lu olmak, Uzaylı olmak ne kazandıracak ki insana?

Peki sır ne idi? Sır sadece basit olandı, en basidi. Herkesin gözünün önünde olan fakat *tanrı olmak peşinde koştuğu için asla göremeyeceği* bir halde apaçık aşikâr durmakta idi.

Hiçbir Velî, düzeni değiştirmeye gelmedi. İlahî kanunlara kim karşı koyabilir ki. Yüce Rahman bile kendi ilahî kurallarına ve düzenine dâhil iken. Çok çeşitli isimler ile sürekli akış hâlinde idi Nur. Nebîleri ile, ismi dünyaya nam salmış Velîleri ile. Yüz milyarları geçmiş bedenleri ile. Nedendir bu gelişler-gidişler? Batında Sevgi olan erdem, kendini nasıl bilecek? Elbette kendinde olmayan ile. Yani dünya çamurunda sevgi yoktur. Sevginin tek zerresi dahi dünyaya düşse, dünyayı bir anda küle çevirir. Bu yüzden dünya toprağında sevginin zerresi dahi yoktur. Kurudur dünya, sevgisizdir. Sevgi sadece gönüllerdedir.

Gönlünde sevgi ile bedene gelenler, bedende sevgisizliğin yokluğunda tanırlar kendilerini. Var olan, olmayanda kendini bulur ve bilir. Velîler ve Nebîler, sadece uyarıcıydılar ve hiçbir vakit düzeni değiştirmediler. Anlattılar, aktardılar ve ışıdıkları kaynağa geri döndüler. Sırra vakıf oldukları, 'sevgisiz'liğin için-de, kendilerini bildiler.

Sonuçta, beden dünya maddesidir, burada kalacak, aslına yani 'eşya' olana karışacak, başka yaşamlara gübre olacak. O halde, bedenin hakkını, lâyık olanını vermek icap eder. Çünkü Ruh, bedeni onurlandırdığı sürece, beden de ruha iyi hizmet eder. Cemâli güzel olanın Celâli de güzeldir. Bir anı bir anına uymamalı insanın, çünkü çeşit çeşit yaratılmış insan.

O seviyor farklılıkları ayrılıkları. Her an ayrı bir tecellide var olarak yaşamın özünü özümsüyor. Bu yüzden Tapduklu Yunus'un işi, insanlarla değildi. O batının sıcak havasını, zahir-de doyasıya kokluyordu. Hakk'ın rayihasından gayrı bir koku yoktu âlemde. İşi insanlarla değildi, gönüllerleydi. Çünkü sevgi erdemi, dünya toprağında değil, bilâkis aslı dünya toprağı olan bedendeki gönüllerdeydi.

> Ben gelmedüm da'viyiçün benüm işüm seviyiçün Dostun evi gö-nüllerdür gönüller yapmaga geldüm / *Yunus Emre Divanı* / *Mustafa Tatçı*

Tapduklu Yunus gelmemişti **davi** için, o **sevi** için buradaydı. Sevginin zerresinin zerresi dahi bulunmayan dünya toprağında, insan olarak var olan gönüllerdeki sevgiyi bulmaya, gönülleri birbirine bağlamaya gelmişti. 'bulmak ve bağlamak' idi tüm işi Tapduklu Yunus'un. Çünkü o uyarıcıydı, uyandırıcı. Dost na-zargâhı olan sevgi ile dolu gönül, insan denen bedene indiğinde unutmuştu her şeyi. Kendini bulması için Tapduklu Yunus gibi bir uyanmışa ihtiyaç duymuştu. Tapduklu Yunus, Dervişlerden bir Derviş idi. Kim sorusuna verilen 'işte şu' diye işaret edilmiş bir bedende görünendi. O zamanın başlangıcından beri vardı, zamanın sonuna kadar var olacak kişiydi. Her zaman dilimin-de, her mekânda yaşamıştı. Farklı isimlerde, farklı adlarda ve manâlarda. O zaman-mekân da Tapduklu Yunus ile aşikâr olmuştu.

～◈◞

Yunus'canın yakarışları var, bir dinleyelim:

'Ya Rabbim, nereye baksam Sen, nereye dönsem yine Cemâlin. Her şey gölge. Oysa, her şey sanrı. Şahit oluyorum iznin ile varıp oyalanıyorum, hamd olsun. Kesin kat'i bir şey yok bu âlemde, elde tutulacak, elle tutulacak sebepler var etmemişsin ya Rabbim. Var demek için kıyas etmek lazım, neye göre var, neye göre yok? Başımı göğe erdirsen, ersem, erisem ne fayda. Hakikat bir Sen'de imiş. Ben Derviş kulun bir cezbede imiş. Herkes senin pazarında bir pazarlıkta. Ne verirse o kadarını ister, karşılığını bulmak ister. Oysa bu Derviş kulun ne diler, bir Sen der, Allah gerek bana der. Sen rahmetinle rızkın yapmışsın âlemi. Her yarattığını da, gönül sofranın baştacı yapmışsın. Öyle sevmişsin her birini. Gayrı bilen yok ki kıymetini. Kıymet bilenler de seçilmişlerden olmuş beşer gözünde. Bildiklerimle değil, bilmediklerimle seslenirim sana. İnsan bilmedikleri ile daha bir kıymetlidir çünkü. Yoksa süslü dünya laflarını duymazsın ki sen. Şu âlemde, insandan kıymetlisi yok, lâkin bu kibir değil, himmet verir insana. Ruhundaki yankıları, karşıdan duymuyorum, onlar içerden yankılanıyor, karşıdan aksediyor. Ne okuyorsam ikrarımda, Sen'den gelenler ya Rabbim. Zira, Sen, kendini benden İşitensin. Zira Sen, kendini benden Görensin. Rızık senden, kurulur sofralar, ne geldi eline, o kondu önüne.'

Her daim var iken yeniyi alalar, bayatı atalar, sonra da ne olur hâlimiz diye soralar. Dünya malı dünyada kalır amma, körü açmaz isen yerde göremezsin ne gökte ne ötede. Her insanın âlemi var her âlemin birbirinden gayrı bin bir hâli var. Anlaman yetmez bunu yaşaman gerektir bize. / *Yunus'ca*

'Bab' ve 'Tapduk' Sırrı

Tapduklu Yunus'un felsefesinde, bâtınisinde ve yaşamında üzerinde sık sık durduğu *'herkesin hâli türlü türlüdür, biri diğerine benzeşmez'* konusu vardır. Çünkü Tapduklu Yunus, Hakk makamından konuşur, Hakk ile Hakk olmuş biridir. Hakk her an ayrı bir yaratılıştadır. Doğal olarak da insanlar farklı ve ayrı yaratılışlardadır. Bir hâl diğerine bezemez. Fakat herkes, kendini başkaları ile ve birbiri ile kıyaslar durur.

Bu aslında yapılan en büyük hatadır. 'Sen bunu yaşadın, ben de benzerini yaşamıştım, sonra falan oldu, sen de öyle olacaksın' gibi öğütler ve yargılarda bulunulur; zihin de zaten bu yorumları otomatik olarak ve seve seve kabul eder. En kolay yolu budur. Her hâli gözlemek, sonucunda neler olur bilmek istemez, zaten ortaya konmuş bir yaşanmışlık vardır onunla kendini eş tutar, yetinir. Bu uykunun en derin hâlleridir. Bilmeyerek herkes birbirini kendi yaşanmışlığı ile yargılar durur. Yeni oluşumlardan uzak, yeni hâllerin gözlemlerinden kaçar, çünkü zordur bu yol, yorucudur. Değişimi istemez kimse.

Tapduklu Yunus bize başka bir âlemin kapılarını açmaktadır. Bu kapıya da şiirlerinde **'Bab'** ismini vermiş ve gizlemiştir. **Bab**, kapı anlamına gelir. Tapduklu Yunus'a göre, herkesin bir âlemi, her âlemin bir hâli, her hâlin türlü türlü oluşumu, yaratılışı, ahvâli, duruşu, durumu vardır. Bir insanın âlemi, diğeri ile benzeşmez, çünkü Hakk çeşitliliği sever.

Aynı hâlleri yaşıyor, aynı sembolleri görüyor, benzer rüyaları görüyor olsa da, iki insanın birbirinden kaderi farklıdır. Tasavvufta en büyük misal 'Şibli ile Mansur' olayıdır. Şibli ile Hallac-ı Mansur ikisi de aynı idi, aynı hâlleri yaşadı, ikisi de Ene'l Hakk dedi, lâkin Şibli şöyle demiştir: 'Ben ve Mansur aynı şey idik, ancak beni deli olma hâlim kurtardı, Hallac-ı Mansur'u Dar ağacına götüren, aklıdır.'

Mansur'dan sonra da Ene'l Hakk diyen Arifler olmuştur, lâkin bazılarının başına menfî olaylar gelmemiş, bazıları da sırlı sözlerinden dolayı ya şehit edilmiş ya da hor görülmüştür. Mansur'dan önce de Hz. Beyazid-i Bestami 'bana şükürler olsun, Sübhan benim' demiş, lâkin eceli ile vefat etmiş ve gönüllere taht kurmuş, kâmil bir Velîmizdir. Tapduklu Yunus'un şiirlerinde de 'Sübhan benem' ifadeleri vardır. Fakat herkes tarafından sevilmiştir. İşte burada bir sır vardır, o da 'kader' sırrıdır. Kader kelimesi manâ itibari ile basit bir kelimedir.

Buna biz açık şuur, ilahî irade, insanın doğmadan önce kendinin belirlediği plân diyelim. Her insan kendi yaşaması gerekeni yaşar, her ne kadar benzeşiyor gibi görünse de. Lâkin kesinlikle bir benzeşme söz konusu değildir. Çünkü yaratılış türlü türlü ve çeşitlidir. Tapduklu Yunus bize yaşamı ile ilgili bir bilgiyi de sunmaktadır. Hiçbir bilgi insana 'gelmez'. İnsan zaten var olan bilgilere 'uzanır'. Uzanır ve her birini fetheder. İşte Tapduklu Yunus'un şiirlerinde bahsettiği **'bab'** manâsı. **Kapılar** sırrıdır. **'Fethi bab'** der Tapduklu Yunus buna. Sırrı ise, **'kapıların fethi'** ya da **'kapıları açmak'** anlamına gelir.

Daima şöyle bir yanılgı vardır toplumda 'Bana bilgi geldi', 'bana bilgiler aktı', 'bana bildirdiler'. Burada gönderen kim? Akıtan kim? Ben dediğin ne? Sen dediğin kim?

Neden insan kendine bilgi geldiğine bu kadar inanır? Çünkü kendini aciz ve zayıf bulur. Yüceliğini hor görür, bu da insanın gizli kibridir. Bilgiler, ilahı tarafından, o ihtiyaç duyduğu kadarını, yukarıdan atılıyordur zihnine tek tek. Onun çıkmaya, uzanmaya, hâşa cüreti yoktur. 'Ben kimim ki' zannına kapılır. Ya da kendini çok yükseklerde görür, ululaşır, bilginin kendine geldiği zannına kapılır ve aşikâr bir kibir ile donanır. Ne gerek vardır uzanmaya, gitmeye. 'Bilgiler, kendi gibi yüce bir varlığın ayağına kadar getiriliyordur ilahı tarafından' zannına kapılır.

TAPDUKLU YUNUS ŞİİRLERİNDE BATINÎ KAVRAMLAR

Bu hâller daima 'kal' hâlleridir. Tabiri caizse gafletin ve cahiliyetin en derin hâlleri.

Oysa insana bilgi gelmez. İnsan bilgi alacağı kapılara 'uzanan' şuurlu bir yapıya sahiptir. Lâkin bunun farkında değildir. Bilgilere uzanmak da liyâkati ölçüsündedir. Nefsini ne kadar dize getirmiş ise, yerle bir etmiş ise, ilahî sırlara uzanışı da o kadar kolay olur.

Her aldığı bilgiyi hazmettikçe, onları yaşadıkça, yaşamına aktardıkça da yeni kapılar ona açılır bir bir. Hazmedemiyor, yaşamına aktaramıyor, bilgiyi lâyıkıyla kullanamıyor ise, o kapının eşiğinde kalır ve zihni, türlü türlü oyunlar ve zanlar ile 'sanki' daima 'bilgice yenileniyorum, bilgeleşiyorum' tavrı ile 'oyalanma' hâlini yaratır. İnsanın daima zihnindeki hâllerini gözlemlemesi, kendini gaflete çeken zihnindeki bu karmaşayı fark etmesi, hatta onları zamanı geldiğinde 'def' etmesi icap eder.

> Hakk, ilmin şehri, edeb onun kapısı. Hakk şehrine uzanman için edeb kapısını açman icap eder. / *Yunus'ca*

Tapduklu Yunus, **kapıların fethini** aktarır şiirlerinde. Kendisine keşf ve fetihte yardım eden öğreticisine de **'Bab'a Tapduk'** demesinin sebebi buydu. Tapduklu Yunus, Hakk kapısına **'Tapduk kapısı'** adını verir, bunu **'Baba Tapduk'** olarak dile getirir. Yunus, *'baba Tapduk manisini saçtık elhamdülillah'* sırrı ile bunu ifşa etmiştir.

> Sen hasların bab'ısın aşıklar kitabısın Mutlak didar kapusın görenler mahlûk sana / *Yunus Emre Divanı* / *Mustafa Tatçı*

Yunus Emre (Mustafa Tatçı'nın derlediği) **Divan** eserinde, çok mühim bir sırrını daha ifşa eder: *'Yunus Hakk'a kıldı tapu, Hakk, Yunus'a açtı kapu'.*

AŞKA VARDIKTAN SONRA KANADI KİM ARAR

Yunus Emre'nin, Mustafa Tatçı'nın derlediği **Divan** eserinde bulunan Şiirlerinin birinde çokça eleştirilen, Yunus gibi bir erene yakıştırılmayan bir bölüm vardır *'Tapdugun tapusunda kul olduk kapısında'* dediği.

Zahiri bakıldığında, Yunus, bir insanın kapısında kulluk etmektedir. Bir insanın tapusunda kulluk yapan bir Derviş olarak horlanmıştır. Anca Bâtıni tarafı ile yorumlandığında aslında o manâya gelmez. Yani Tapduklu Yunus gibi bir erenin neden bir insanın tapusunda ve kapısında kulluk yaptığı hiç anlaşılamamıştır.

Aslında Yunus, bir insanın değil, **Bab'a Tapduk** tapusunda kulluk yapmaktadır, az evvel yukarıda açıklamıştım. **Bab'a Tapduk** dediği de **Hakk kapısı**dır. Yunus, tüm bedenini, ruhunu, gönlünü, aklını sadece **Hakka tapu** kılmıştır. Bir insana kulluk yapmamıştır. **Tapu** dediği Yunus'un bedenidir. Bunu da gizli olarak **Tapduğun tapusu** olarak dile getirmiştir. Gizli manası, Hakk'ın tapusu demektedir. Bu yüzden kitabımın birçok yerinde bahsettiğim gibi, Tapduk Emre'nin bir insan olarak yaşayıp yaşamadığını bilmiyoruz, çünkü kendisi hakkında hiçbir belge ve yaşadığına dair kanıt yoktur. Zaten Tapduklu Yunus da 'Tapduk' mahlası ile de Hakk'ı işaret etmektedir. Bu yüzden bizim kitabımızda da Tapduklu Yunus olarak anılıyor. Yunus, Hakk'ın Yunus'udur, kendisinin de şiirlerinde bize işaret ettiği üzere.

Gerçek daima en basit olanda, gözümüzün önünde, apaçık ortada, tam yanı başımızdadır. Biz onu görene, fark edene, fethedene ve o kapıyı açana kadar orada var olmaya devam edecektir. / *Yunus'ca*

Hakikatin Mai'si

Hakikad Mai'sinden içenlerdendir Tapduklu Yunus, **'Ma'** sırrına erişmiş, o deryada erimiştir.

Arif ma niye taldı çün biledür ferişde / Yunus Emre Divanı / Mustafa Tatçı

Ma ile başlayan esrar, Tapduklu Yunus şiirlerinde de kendini göstermiştir ve tekrar tekrar şiirlerinde konu olmuştur.

Ma'şuk, Ma'arifet, Ma'i, Ma'ni, Ma'rut, Ma'kam, Ma'nsur, Ma'but, Ma'l, Ma'hluk, Ma'zul, Ma'lum, Ma'den, Ma'ruf, Ma'bed, Ma'habbet.

Her bir kelime ile, şiirlerini bezemiş, şiirlerine ayrı bir gizem ve esrar katmıştır Tapduklu Yunus. **Ma** sırrına erişmiş bir gönül erenidir. **'Ma'**, batından zahire tecelli etmişlerin, **vücud** bulmuşların manâsıdır. Beden demiyorum, vücud diyorum, çünkü beden et kemik ve kandan oluşmuş, vakti zamanı gelince toprağa karışacak, kurda kuşa yem olacak, yeni hayatlara yoldaşlık edecek olan gübreyi sağlayacak bir karışımdır. Vücud ise, Hakk'ın kokusu ve rahmeti ile var olmuş, kaynağından ışımış ve dünyada sıfata bürünmüş, beden içinde görünmüş hâldir.

İki türlü var oluş vardır. Biri **Beden içinde** var oluş, diğeri **Bedende görünmek**.

Beden içinde olan beşerîdir, toprak ile toprak olanlar. **Bedende görünenler Ma** sırrına erişen Ariflerdir, Hakk ile Hakk olanlar. Ma sıfata bürünmek, vücud olarak görünmektir. Tapduklu Yunus, bedende görünen, Yunus ismini almış bir Velî dir. Hakikat kaynağından ışımış, tüm gören gözlere, Hakk'ın yeniden var ettiği, vücud bulduğu sıfatı ile görünmüş, selâm etmiş, gönüller yapmaya gelmiş bir Derviştir. Ma sırrı can ile can bulanların sırrıdır. Can ve Nur taşıyan her kelimenin başı, Ma' ile başlar.

Er, görünmeyenin sırrı, Dişi görünenin sırrıdır. Ma sırrı, dişilik, sıfat, bedende can bulmaktır. Bu yüzden kutsal Meryem 'Ma'ry', 'Ma' harfi ile başlar, Fatıma'nın da isminin son harfi 'Ma' ile noktalanır. Ma harfi Ana'lığın da simgesidir. Zira dünyaya gelen her kişi, bir kadın bedeninden doğacaktır. Kadın rahminden dünyaya gözünü açan her kimse Ma harfi nin sırrı ile bedenlenir.

Batında Er olan, Zahirde 'dişi' olarak aşikâr olur. Erlik ve Dişilik, kesinlikle, kadınlık ve erkeklik cinsiyeti ile aynı değildir. Er batında ne ise, Zahirde Dişi olarak tezahür eder, belirir. Bir kumaşın tersi ve düzü gibi. Er bütünlüğü, dişi çokluğu ifade eder. Bir iken çoğalır, sayısal olarak artmaz. Birin çok görünmesi, asla ve katiyen sayısal artış, fazlalık ve eksilme değildir. Çoklukta bir artış ve eksilme söz konusu bile değildir. Ne 'bir' azdır, ne 'çok' fazladır. Eksik fazla bizim yanılgılarımızdır.

İlahî Maya'lama

Anadolu toprakları, tarihinden beri çok değerli, kıymetli ve gizemliydi. Kaybedilmesi imkânsızdı, fethedilmesi gerekiyordu. Bu uğurda nice canlar şehadete yürümüştür.

Anadolu topraklarının beslenmesi, gübrelenmesi, rızıklanması, Aşk ile mayalanması, Hakk Nuru ile bezenmesi gerekiyordu. Fetih, gönüllerin fethiydi. Zahirde yürüyen, dolaşan, aşları kaynatan, sema dönen erenler, aslında Aşk ve Sevgi tohumları ekiyor, büyümesi gelişmesi için de besliyorlardı.

Horasan yöresinden çıkan Dervişler başlarını Hakk kılıcı altına koyup yollara düştüler. Anadolu topraklarının rahmet ile beslenmesi, Anadolu insanlarının da gönüllerinin fethedilmesi icap etmişti. Ahmet Yesevi'nin yetiştirdiği Dervişler, aşkı maya-lamak için, yola revan oldular. Onlar Anadolu erenleri, Rumeli abdalları denilen kişilerdi, Anadolu'nun her yerinde türbeleri olan Velîlerdi. Horasan Erenleri, Anadolu'nun Arifleri, Velîle-ri olmuşlardır. Güçlüydüler zira güçlerini Hakk'tan alıyorlardı. Kınanmaya hazır, korkusuz erenlerdi onlar. Ki her türlü maka-ma, mevkiye, yaptırıma, güce, iktidara sahipken, kendine karşı küfr hâlinde olana karşı duran, durabilendi onlar.

Tapduk Emre'nin kilidini açan Hacı Bektaş Velî bir Hora-san Eri, Ahmed Yesevi'nin yetiştirdiği bir Velî idi. Dolayısıyla, Tapduklu Yunus da bir Horasan Eri'nin kilidini açtığı, Anado-lu'nun bağrından kopmuş gelmiş bir ümmi idi. Kalbinde Hakk Aşkı ile Anadolu'yu karış karış dolaşmış, yana yana Aşkını an-latmış, toprağı beslemiştir. Çünkü Hakk diyorsan Hakk ilesin, Hakk'sındır.

Tapduklu Yunus, Hakk'ı gönlünde bulmuş, bulduğu Aşkı da Anadolu topraklarına tohum olarak ekmiş ve yeşermesi için de kendi Işığı ile beslemiştir. Diyar diyar dolaşması başka yer-lerde Hakk'ı aramasından değildir. Zira Hakk kalpten gönül-den gayri hiçbir yerde aranmaz. Arayanlar, kalbinde Hakk aşkı olmayanlardır. Hakk'ı ancak gönlünde bulanlar, diyar diyar dolaşanlar, dağ bayır aşanlar, çölleri geçenler, derin sularda yü-zenlerdir. Belâ ve nusubetlerin çoğunluğu Arif, Velî ve Nebîlere gelir demiştim. Hem Aşk hem evlat acıları ile yoğrulur, 'sonsuz sabır' ile imtihana tabi tutulurlar. Acının ve çilenin en büyüğü-nü onlar yaşar. Bir de ham olan, cahil olan tüm kesimlerle irti-batta olmaları, onların gönüllerini Hakka yöneltme işi de başlı başına bir **'belâ'**dır. Hakk tarafından imtihanların yanı sıra, hastalıklar, düşmanlıklar, hasetlikler, taşlamalar, iftiralar ve su-ikastlar peşlerini bırakmaz. Tapduklu Yunus da dergâhında en çok kıskanılan, hasetlik edilen Dervişlerden biriydi. Hakkında dedikodu yapılmadığı, iftira atılmadığı tek bir an olmamıştır.

Oysa o bunu belâ olarak görmemiş, nefs terbiyesi ile daima kendi hâlinde kendi nefsi ile meşgûl olmuştur.

Tapduklu Yunus, ateş hamallığının yanı sıra odun hamalıdır. **Var** ile imtihan edilmenin zorluğu **yok** ile imtihandır. İlahî Kudretten Dünya Gezegenine düşen paydan yansıyan rahmetin, varlıklara verdiği kadar, vermediğine de şükretmeliydi. Tapduklu Yunus, kendisine sunulan saadeti, selâmeti eli ile ittirip, varmış yollara düşmüş ve kendi kaderinin üzerinde, kader üstü kaderî plânlarına ulaşmış ve yoklara karışmıştır. Herkes onu odun hamalı olarak görse de, Tapduklu Yunus, Hakk'ın Rahmetini Anadolu toprağına ekmiş, Aşkın Ab-ı Hayy›ını da suyuna mayalamıştır. Gerçek öğreticilik yok'luktadır. İstekli kişi için bir anda zuhur eder ve asla bir şey öğretmez. Ellerinde değnekle kafasına vura vura bir öğreticilik var zannedenler yanılırlar. Öğretici, öğrenmek isteyenin ruhundaki yankıları yine ona veren bir akis gibidir. Tapduklu Yunus'un en büyük şansı ise Tapduk Emre gibi öğreticisi olmasıydı. Çünkü Aşkın Mayalanma sırrını Tapduk Emre vermiş, büyük mayalama işlemi için her kapıyı açacak olan 'yola revan olma' emrini yine Tapduk Emre buyurmuştur.

> Yol odur Hakka vara, Göz odur ki Hakk'ı göre Er dur ki alçakda tura yüksekden bakan göz degül / *Yunus Emre Divanı* / *Mustafa Tatçı*

Burada arz etmek istediğim çok ama çok önemli bir konu var. Burayı dikkatle okuyup tefekkür etmekte fayda vardır:

Nefsin iki türlü terbiye yöntemi vardır: Ya bilinecek, ya silinecek.

Bilenler ile Silenler asla bir araya gelmemişlerdir.

İki yöntem de birbiri ile iç içedir. Nefsi **Bilenlerden olma** merhalesi oldukça ağır olsa da, Nefsi **Silme** aşamasına gelmek de imkânsızlığın ötesindedir.

Dünya toprağına doğmuş herkes, nefs terbiyesi ile meşgûl olabilir ve **nefsini bilme** yoluna girebilir ki bu bir haktır. Fakat **nefsin silinme** işlemi tamamen yüce gönüllülerin yoludur, bu da bir haktır lâkin herkesin tercih edebileceği bir yol değildir. Nefs, hakikati gereği yoldan çıkarıcı olsa da, müsemması gereği zulmedicidir. Nefs, reddedildiğini anladığı anda, ondan tabiri caiz ise, her türlü kandırıcılık, dalavere, menfî oyunlar beklenir hâle gelir. Nefs tasarrufunda yani yaptırım gücünde, 'aciz'dir. Hakk yoluna girenler, dünya nimetlerini ittiği, nefsini ya terbiye ettiği yahut sildiği vakit, nefsin aczinin verdiği bir güç peyda olur ve nefs terbiyesi yolunda bir nefer olan Dervişler, hedef hâline gelir. Reddin ve yok sayılmanın verdiği her türlü alçaklığa, nefsin türlü çekim alanına kapılmaya başlar.

Nefs ilahî görevi gereği, insanları dünyaya yöneltmek, dünya nimetleri ile haşır neşir etmektir. Görevini yerine getirmediğini anlarsa hırçınlaşır ve kötülüklerin mıknatısı hâline gelir. Nefs terbiyesi ile meşgûl olanların, imtihanlarının daha ağırlaşmasının sebebi budur. Başlarına gelmedik kalmaz. Burada sabır, hoşgörü ve sevgi sınavından geçerler. İşte Hakk yoluna girenlerin karşılaştıkları her türlü zorluk böyle olmaktadır.

Fakat nefsi **silenlerin** imtihanları tahammülsüzlük boyutunda olduğundan, bunu ancak yüce gönüllüler üstlenir. Burada sonsuz sabır, sonsuz hoşgörü ve sonsuz sevginin sınavından geçerler, hatta sınırların aşıldığı imtihanları üstlenirler. Tasavvufta 'dibin dibinin müşahedesi' budur. Her şeylerini yitirebilir, tüm sevdiklerini kaybedebilirler. Nebîlerin ve Velîlerin hayatlarına bakıldığında, çoğu dışlanmış, horgörülmüş, evlatlarını, eşlerini kaybetmiş, bedenleri işkence ve zulüm görmüştür.

Bu yüzden dünya insanları için **nefsi bilme** yolu daha makbuldür. **Nefsi silme** yoluna girmemeleri kendileri için daha hayırlıdır.

Tapduklu Yunus, nefsin **bilinmesi** ve **silinmesi** ile ilgili meseleleri, şiirlerinde çok güzel anlatmıştır. Felsefesi gereği, 'bilmezem' ve 'her işim yanlış benim' sırrına vakıf olmuş ve dile getirmiştir.

Esma'dan Müsemma'ya

İsimler, adlar ve kavramlar, esmanın belirti hâlleridir. Dünya maddesine verilen isimdir **'eşya'**. Yüce Gönüllüler eşyaya baktıklarında esma görürler. Beşer eşyaya baktığında, gözünün merceğine düşen görüntü ile yetinir. Kısaca çiçek çiçektir, koparır onu; ağaç ağaçtır, keser onu; su sudur döker saçar onu. Dünya nimeti olarak sunulmuş her türlü 'eşya'yı kullanır. Oysa Arif ve Velîler eşyada ve onlara verilen tüm isim, ad ve kavramlar da esmayı görürler. Hangi eşya hangi esma ile yeryüzünde belirmiş onu bilirler. Tüm eşyadan cümle esma, cümle esmadan da müsemma görünür. Eşya yeryüzünde oluşan kaba titreşimdir. Kaba titreşimden biraz daha ince titreşim esma, ince titreşimin hakikati ise onun müsemmasıdır.

En basit örnek, yanan bir lambaya baktığımızda bir ışık görürüz. Işık adı, ismi ve kavramı ile bir dünya eşyası yani maddesidir. Işığın oluşması için elektriğe ihtiyaç vardır fakat elektrik gözle görülmez. Bu da o ışığın esması olsun. Elektriğin geldiği kaynak ise barajdır ve oldukça uzaktadır bu da müsemması olsun. Tüm insanlar elektrik düğmesine dokunduklarında, barajdan elektrik vasıtası ile ışığın yanışını düşünmezler. Bilirler ama her düğmeye dokunduklarında bu akıllarına gelmez.

Müsemma, cümle esmanın, Hakk katındaki hakikatidir. Bu ancak Hakk katına ulaşanlar, Hakk ile Hakk olmuşlar tara fından bilinebilir. Herkesin bileceği bir durum değildir. Tapduklu Yunus'un **'kuşdili bilirim'** diye bahsettiği dil olan **ilm-ü ledün** lisanıdır bu. Eşyada esmayı, cümle esmadan müsemmayı görmek ve bilmek, İlmü ledün olan gayb lisanı ile konuşmaktır. Bu insanlara bahş olmuş en mucizevî dildir. Lâkin tüm insanlık nefsin oyalamacaları ile öyle meşgûl oldukları için bu dili asla konuşamazlar. Bu yüzden Velîlerin işlerine akıl sır ermez. Nusûbet olarak gördüğümüz birden hayra çıkabilir. Hayır olarak gördüğümüz de şer olarak yansıyabilir. Bu dili ancak Velî ve Arifler bilebilir. Bunun dışında diğer tüm insanlar dünyanın kaderinin esareti altında yaşamaktadırlar.

Derviş adın idindüm Derviş tonın tonandum Yola baktum utandum hep işüm yanlış benüm / *Yunus Emre Divanı* / *Mustafa Tatçı*

Derviş kelimesi bir isimdir, bir kavramdır. Zahiri olarak bakıldığında, her şeyden el etek çekmiş, dünya ile ilişkisini kesmiş, kulağa ve gönle hoş gelen sözler sarf eden, doğruluktan ayrılmayan, kendi hâlinde biridir. Oysa batınında, Derviş Hakk rahmetini yeryüzüne 'maya'layan kişidir. Geçtiği her yere tohumlar eken, maya yapan, mayası her daim tutan erenlerdir. Tapduklu Yunus *'Tapduk ma'nisini saçtık elhamdülillah'* sözü ile, mayalama işlemini yaptığını ve her seferinde de bunun tuttuğu için şükür olarak *elham dü lilleh* sözünü kullanır.

Tapduklu Yunus, *'Derviş adını edindim, Derviş donuna büründüm'* demiştir. Lâkin 'yola baktım utandım' demektedir. Tapduklu Yunus gibi yüce bir gönül neden utanır? Neyden utanmıştır? Dervişlik bir makamsızlığın makamıdır. Manâsı gereği hem ulaşılacak bir makamdır, hem sürekli Seyr-i sülûk hâlinde olduğu için de makamsızlığın tanımıdır. Öyle kolay 'ben der vişim' demek ile Derviş olunmaz. Çünkü bu kelime çok zikr edilse de, aslında çok yüce bir manâyı içerir. Allah'ül Nebîler olan tüm Peygamberler birer Derviştir. İslâm dininin Nebîsi olan Hz. Muhammed de Dervişlerin sultanıdır. Nebîler ile Velîleri ayıran manâ şudur: Hakk'tan gelen 'vahiy' Nebîlerin gönlüne düşer ve bunu eksiksiz ve katkısız iletirler. Velîler ise gönüllerine düşen vahyi, insanî bir duygu ile yorumlayarak iletirler. Vahiyi, insanî titreşim ve yoruma açık olarak aktaran Velî, aynen hiç yorumsuz ve insanî titreşim olmadan olduğu gibi aktaran ise Nebîdir.

Her peygamber de Derviş olduğu kadar bir Velîdir de aslında. Çünkü hem vahyi aynen aktarmışlar hem de o vahiyleri açıklamaları ile yorumlamışlardır. İslâm dininin Nebîsi Hz. Muhammed bir Nebî, Bir Derviş olduğu kadar bir Velîdir de.

Her insan istisnasız vahiy alır, 'şah damarından yakînım' denmiştir. Fakat o vahiy kendi hayatı ile ilgili olduğu için, vahyin yorumlanması tamamen insanî yahut beşerîdir. Ne kadar nefis terbiyesi ile meşgulse, kendine gelen ilahî tesirleri o kadar alabilir ve yorumlayabilir. Fakat bu onu, asla ve kat'i bir Nebî yapmaz ve ona bir özellik katmaz. Ve yine kesinlikle onu bir Velî ya da Derviş de yapmaz.

İlahî tesirler vahiy manâsı ile geldiği vakit süzgeçlerden geçmesi gönüle düşmesi ve akıl ile yoğrulması işlemleri, vahyin özelliğini ve şiddetini oldukça düşürür. Her insan bunu bir *sezgi, içe doğma, güçlü tahmin* olarak algılar ya da hiç algılamayabilir de.

Velîler ve Arifler bu süzgeçleri en az olan kişilerdir.

Vahiy akışı bitmemiş, sadece Nebîlik son bulmuştur. Burası asla yanlış anlaşılmasın; Tapduklu Yunus, *'her işim yanlış benim'* derken, aslında kendini eleştirmiş, Derviş donuna büründüğü halde, bu yüce makamda olmasının ona hiçbir özellik katmadığını vurgulamıştır. Bu yüzden en acımasız eleştiriyi kendine yöneltmiş ve *'Hakk yolunda işlerimi yanlış eylemişim'* demiştir.

Derviş

Dervişlik her ne kadar yüce bir makamsa da, asla böbürlenmeyi ve kibirlenmeyi içermez. Çünkü Dervişler, artık böbürlenmenin ve kibrin çok ötesinde bir yaşam sürmektedir ler. Bunun ne olduğunu dahi unutmuş insanlardır. Bu yüzden *'her işim yanlış benim'* diyerek, kendini yerden yere vurmuştur Tapduklu Yunus. Nefsinin başını iyice ezmiş ve kesinlikle nefsinin eline koz vermemiştir. 'Bak sen Derviş oldun artık başın göğe erdi' gibi oyalamacalar ile nefsinin kendisini kandırmasına izin vermemiştir. Dervişliğini bile *'her işim yanlış benim'* diyerek, ayaklar altına alabilmiştir Tapduklu Yunus. En nihayetinde nefsi de bu makama sahip olan 'sahibi'nin aklını türlü türlü iltifatlarla ya da süslü kelimeler ile çelemeyecektir. Şeyhinin tüm âlemden ulu, Hakk yolunun da uludan ulu olduğunu vurgulamıştır.

Her ne kadar üstün meziyetlere sahip bir yüce gönüllü olsa da Tapduklu Yunus, kendini şeyhi olan Tapduk Emre'den daima beri tutmuştur. Bu yüzden bilinmezlerden bir bilinmez, ara ki bulasın onu. Ona Yunus demişler. Yaşamı söylentilerden ileri gitmemiştir, ulaşılmak bilinmek istememiş yoklukta yitip gitmiş, hiçliğe karışmış makamsız makamlılardan olmuştur. Seyri hiç bitmemiş bitmeyecek, sonsuzlukta salınan yüce gönüllüdür. Tapduklu Yunus, seyr-i sülûkte Arş'a varmış ve onun da ötesine geçebilmiştir. Aşkı ararken bulan, bulunca da Aşkın kendisi olandır o.

Tüm umudunu kaybedenlerin gönlünü ışıkla doldurdu Tapduklu Yunus. Manevî bir kurtuluşun ebedi bir sevginin kaynağı oluverdi Anadolu insanı için.

Anadolu kan ağlarken, her yer yıkılmış, yakılmış, insanlar katledilirken, o yürüdü yana yana. Savaşın içinde yürüdü, kimse onu görmedi, o zahirde bir belirti, batında ise nefes idi. Ne geceyi bildi ne gündüzü. Korkunun zerresi yoktu, o cesaretin manâsı, manâsının da ötesine geçen bir yürek ile en vahşi hayvanların arasından geçti, en derin ormanlara daldı, en kanlı savaşın ortasında yürüdü. Yürüdü ve Hakk'ın Aşkını her yana saçtı, mayaladı. Her insanla tanış oldu, her insanın gönlünü o insanın kendi ile tanıştırdı, barıştırdı. Gönüller yapmaya geldi, yani her insanın kendi gönlünün varlığını onlara işaret etti. Cezbesi olan Allah'ın davetini severek isteyerek ulaştı Hakk'a. Hakk'ta Hakk olarak tekrar bedeninde yeniden doğdu ve Hakk'ın Rahmeti manâsını saçtı hamd ile.

Gökyüzüne ne vakit baksam, olağanüstü olduğumu hissediyorum. Manâların derinliklerinde bir gezgin, özgür ve ilahî bir var oluşum ben. Oysa yeryüzünde kavramlar, anlam ve adlar karmaşasında savrulan bir tutsaktan öte değilim.

Yer ile Gökler arasında, kendi Hakikatini arayan bir gerçekliktir insanoğlu, daima bir gölgeden diğer gölgeye tutunma hâlinde. Ne denizler, ne dehlizler, dip karanlıkları aşar da bir bakar ki her şey Nur'un pırıltıları ve kendisi de o oyalamacanın tam ortasında Cezb-i âleminde. / *Yunus'ca*

Beşer ya da insan, şükreder, hamd eder, Hakk'dan rızalıdır. Fakat mühim olan, Hakk ne kadar kulundan razıdır? İşte Dervişlik, Hakk'ın razı geldiği kullarıdır. Dervişlik edeb'dir. 'Yakînim' sözü her manâ ve boyutta geçerlidir. Seyr-i sülûkte, Arşa ve öteye geçmiş olsa da Tapduklu Yunus, yakînlik ne azalmış ne artmıştır. Yeryüzünde bedende ne kadar yakîn ise, Arşın ötesinde de yakînlik hiç değişmez.

TAPDUKLU YUNUS ŞİİRLERİNDE BATINÎ KAVRAMLAR

Tapduk Yunus, yeryüzünde her zerrede Hakk'ın mührünü nasıl gördüyse, Arşın ötelerinde de her zerrede Hakk'ın mührünü gördü. Bu görüşte ne bir büyüme küçülme, ne azalma ve artma vardı. Dervişlik buydu, edeb buydu. Yakînlığın kâinatın her yerinde, âlemlerin her zerresinde artmaması ve azalmamasıydı. Bugün unutup, yarın hatırlamak değildi bu yakînlık. Rabbin verdiği nimetlerle şükür edip, daha sonra dünya işlerine dalarak unutmak değildi asla. Dervişlik, her an hatırlamak değildi Hakk'ı. Her An'da Hakk ile olmaktı. Hem her An'da Hakk ile olacaksın, hem dünya işleri ile mayalama yapacaksın. Bu ancak Dervişlerin üstlenebileceği bir hizmet idi. Bunun dışında olan her şey zaten beşerîyetin her daim yaptığı normal işlerdir. Bu yüzden Tapduklu Yunus gibi, nefsini silenler ile normal insanların nefs terbiyesine girmesi farklı manâlar içerir.

Nefsi silenler ile **Nefsi bilen**ler bir araya gelemez manâsının anlam ve içeriği budur. Zaten nefsini silenler hiçbir zaman 'ortalıkta' olmazlar. Halk arasına karışırlar ve normal hayatlarını sürdürürler ancak fark edilemezler, anlaşılamazlar. Hakk, Derviş kulundan razıdır, onlara şöyle seslenir avazı ile 'Siz hasret diyarında, beşerle olun, lâkin beşer olmayın! Ölümün sonsuz sükûnu olun, ebedî dilsizlerim!'.

Ne vakit hâlime ad koydum, o vakit kal oldum. Tüm Esma'lar Hakk iken, ne haddimedir benim kendime Ad koymam. Davete icabat gerekir, Hâl ile hâl, hemhâl gerekir, Hakk ile Hakk gerekir. Yolda'yım demeyesin ki Yol olasın. Esersin yeller gibi, tozarsın yollar gibi, aşarsın bin ummanı deniz, bir nazar edersin ki hepsi Nur'un pırıltıları. Göz uçma arar, lâkin Tamu'nun ortasında, dolanır dolanır döner Semalarda, gayretler hiç eksik olmaz. Gönül ne görürse, kendini görmüştür. Yeni gelen Yunus gönüllere selâm olsun. Çünkü her menzilden gelmekteler, menzil bir Hakk'ın menzilidir. / *Yunus'ca*

Tasavvufta nefsi silmek **'tevella teberra'** olarak bilinir. Bu yola giren nice gönüller olmuştur. **Nebîler** kendilerine inananları dine davet etmişler, kendi ümmetleri için çabalamışlar ve onlar için şefaat dilemişlerse de, Arif ve Velîler, kendilerine inanan, inanmayan, seven sevmeyen, hatta kötülük edenlere bile dua etmişler, ma'arifet dilemişlerdir. İnsanın diğer tüm yaratılmışlardan üstünlüğü 'nefs' sahibi olmasıdır. Nefsî bir *ben*, insanî bir gerçektir, fakat Hakikati ile *'ben'* Hakk'çadır.

İşte Hakk ile Hakkım demek sadece insana bahşedilmiştir, çünkü nefse sahiptir. Bunun dışında hiçbir yaratılmışlık, melekler de dâhil, nefs sahibi olmadıkları için asla Hakk ile Hakkım diyemezler. Bu yüzden insan tüm yaratılmışlardan nefs sahibi olması itibari ile üstündür. Elbette ki nefsini terbiye ettiği ve yahut sildiği müddetçe! Tapduklu Yunus'un **'nefsimi Derviş eyledim'** sözünün açılımı budur. Nefs, Rahmana dönük yüzü ile insanı Hakk'a, şehvete dönük yüzü ile insanı karanlıklara yol aldıran sıradışı bir Cevherdir.

Sır

Tüm insanlık, dünya tarihinden beri bir sır peşinde durmuş. Sırrın daima insanın bir 'tanrı' ya da 'ilah' olduğu tahmin edilmiş ve bu kanıksanmış. Oysa insanın tanrısal ve ilahî olduğu gerçeği biraz hafife alınmıştır. Herkes 'tanrı' olduğunu iddia edebilir. İlahî sır kulağa fısıldansa ve sen 'tanrısın' dese ne değişecek hayatında? Bu hiç düşünülmemiş. Yine yürüyorsun, yemek yiyorsun, fiziksel ihtiyaçlarını gideriyorsun, zorluklar belini büküyor. Bu mudur 'tanrı' olmak? Ulaştığın her ne var ise, insana ne kazandırıyor, bunun sorgulanması icap eder.

Oysa insanın en büyük sırrı 'insan' olmaktır. Yani insan olmayı başaramamışken, 'tanrı' olmak için nedir bu gayret? Ve acizlik durumu. Uçacak kadar mucize gösteren birisini gördüğümüzde, o insan için keramet sahibidir dememeliyiz. Çünkü keramet sahibi olmak, amelinde saklıdır insanın. İyi ameller içinde olan insan, insan olmanın hâl sanatına ermiştir ya da erişmek üzeredir. İyi amelden kasıt, o insanın hoşa giden davranışları değildir. Ne kadar ilmü ledün hakkı için amellerde bulunuyor bu mühimdir. İlahî İradesi ile ne kadar haşır neşir haldedir? Kendine gelen ilahî vayhi ne kadar alabiliyor ve bunu hakkı ile ne kadar iletebiliyor, bunlar mühimdir. Yoksa zaten herkes bu dünyada bir şekilde yaşayıp gitmektedir. Herkes otomatik tarzda fiziksel olarak bu dünyada nefes alan varlıklardır.

İnsanları birbirinden ayıran, üstün kılan ise amellerindeki gizli hakikatleridir. Bilerek ya da bilmeyerek yaptıkları 'hizmet'tir. İnsanların her nefesleri ile ilâhi döngüye katkıda bulunduklarını daha önceki metinlerde belirtmiştim. Herkes istisnasız, ilahî düzene katkıda bulunmaktadır.

Sadece öyleleri vardır ki onlar yaratılıştan aldıkları Öze ait bilgileri, dünya toprağında hamule ederler ve hâl olarak yaşayıp bunu mâl olarak iade ederler. Bu ilahî bir alışveriştir. Ne gelir Hakk'tan, ne iletir insan? Biz bilsek de bilmesek de, mutlaka iletişim her daim iner ve çıkar tüm boyutlar arasında, tüm âlemler içinde. İniş ve çıkışlar yine bizim anlayışımıza uygun bir tabirdir. İnen ve çıkan değil, zahirden batına, batından zahire bir geçiştir. Varlıktan yokluğa, yokluktan varlığa bir akıştır. Görünenden görünmeyene, gizliden aşikâra daima bir rüzgâr gibi eser. Yüce Gönüllüler, beşerî yaşayış tarzından uzak bir ömür sürseler de yine halktan biri gibi davranmaya devam ederler. Çok azı gerçekten ne yaptığını bilen, çoğu da bilmeyendir.

Hakk hesap tutmaz, Hakk direkt kendi müdahalede bulunmaz. Hakk hizmeti görenler yani Hakkın hizmetlileri daima devrede ve işbaşındadır. Onlar Allah'ın Ordularıdır. Onlar ilahî işbaşında olanlardır. Adalet ve hak ile dünya toprağına kodlamalar yapanlardır. Yaratılış her daim olduğundan, yaşadıkları her hâli, kendilerine mâl edenler, Yüceliğin verdiği güç ve kudret ile, o mâl ettikleri her yaşanmış bilgiyi, bir sonraki yaratılışın nasıl olacağının belirlenmesi için dünya toprağına akıtırlar. Zor ve meşakkatli bir iştir. Ancak nefsini silenlerin yapabileceği türden bir iş olduğundan, bu ilahî hizmeti yapanlar, asla ortalıkta görünmeyen, gizlide ve hatta insanlardan çok uzak duran, aynı zamanda yine insanlarla bir arada olanlardır. Tekrar belirtmek isterim ki, burada kesinlikle yanlış anlaşılma olmamalıdır:

Dünyaya gelmiş her kişi, yaptığı tüm hareketler, ameller ve yaşanmışlıkları ile, ilahî yaratılışa katkıda bulunur. Fakat öyle Yüce Gönüllüler vardır ki, onların ya bilerek ya da bilmeyerek, yaratılışın tazelenmesine katkıları daha büyüktür. Bilmeyerek yapanlar, yine toplumda yaşayan, toplumdan soyutlanmış gibi görünse de normal vatandaş gibi olanlardır. Gizlilerinde ise ilahî hizmete katkıları büyüktür. Fakat bilerek yapanlar ki sayısal olarak oldukça azdır, onların yaratılışın bir sonraki andaki tazelenmesine katkıları çok daha büyüktür. Toplumun içindedirler ancak oldukça gizlidedirler. Kendi gizlilerindedirler. Ne yaptıklarının bilincinde, uyanıklığında ve şuurundadırlar. Hakk'ın, yeryüzünde 'dabbe' çıkaran, tutan elleri, yürüyen ayakları, gören gözleridir onlar. Hesap tutarlar, eğriyi büğrüyü tespit ederler, insanların nefsindeki fısıltıları duyarlar, gidişatı kontrol ederler, düzendeki en zerre kadar bir aksamayı dahi düzene çevirirler. Yanlışı doğruya, doğruyu dosdoğruya koyarlar ki bu bizim bildiğimiz türden bir yanlış ve doğru değildir. Çünkü İlahî düzenin yanlışı ve doğrusu başkadır. Olan her daim olduğunda, insan nefsi memnun olur ya da olmaz diye bir düşünce yoktur. İnsan her ne kadar ilahî düzene teslim olursa o kadar huzur içinde olur, olmaz ise, sürekli şikâyettedir. Oysa ilahî düzen daima işler ve insanların memnuniyeti ya da memnuniyetsizliği üzerine bir oluşum gerçekleşmez.

Kodlama yapan Yunus Gönüllüler, insan arasına karışmış lâkin ruhen insandan çok uzaktadırlar. Onların ne yaptığını kimse bilmez. İnsanların dışladığı serseri gibi dolaşan deli görünümlü de olabilirler, sessiz sakin bir zanaatkâr, ya da dünyasal mevkîye ulaşmış biri de. Ancak onlar gönül ehlileridir, belki hareketleri çok terstir, kimse tarafından sevilmezler, ya da herkes tarafından sevilebilirler de. Bu çok mühim değildir. Önemli olan, gizlide onlar, gittikleri her yere Hakk'ın rahmetini taşırlar ve gönüllerinden dünya toprağına 'maya'lama yaparlar. Her işleri, hatta aldıkları her nefesleri, her düşünceleri birer ilahî hizmettir.

Şeyhi Kâmil hizmetinden farig olmay iy Yunus İrmek dilersen maksuda, çok hizmet eyle her işde / *Yunus Emre Divanı* / *Mustafa Tatçı*

Zamanında onların birçoğu aşikâre olmuştur. Hacı Bektaş Velî, Beyazid-i Bestami, Tapduklu Yunus olarak bilinen Yunus Emre, Mevlâna, Şems, Hallac-ı Mansur, Attar, Şibli, Nesimi ve sayamadığımız birçok isim. Onlar bilinenlerdi. Bilinmeyenler ise yaşayıp ilahî kodlama ve mayalama işlemlerini yaparak dünyamızdan ayrıldılar. Her devirde yaşayanlar vardı, hâlâ var ve var olmaya devam edeceklerdir. Bu yüzden eskide kalmış birtakım yöntemler, sürekli yenilenmektedir. Şimdi kimse kırk yıl ormanda odun kesmek, bir dergâha odun taşımak, nefs terbiyesi için varını yoğunu gidip bir nehre atmak, ailesini, yurdunu terk edip gidip bir dergâhta Dervişlik yapmak istemeyebilir. Zaman değişiyor ve her zamanın kendine ait yöntemleri ve adapları oluşmaya başlıyor. Nefs terbiyesinin de şekli ve yolu değişiyor ki değişmelidir. Nasıl değişmesi gerektiğini de Tapduklu Yunus, şiirlerinde daima anlatmaya çalışmıştır. İşte bunların mimarı, gizlisinde yaşayan Yüce Gönüllerin, her an tazelenen yenilenen yaratılışa olan katkılarıdır. Onları görünmeyende olan melekler olarak bilmeyelim. Bilelim ki onlar da bizim gibi yaşayan insanlardır. Yaptıkları insanlığa bir katkıdır. Her seferinde tazelenen yaratılışta, nimetler ve rızıklar başkalaşmaktadır. Nasıl olacağını da ancak katkı sağlayan Hakk Gönüllüleri belirlemektedir. Onlar bunu dünyasal nefsi ile değil, zihinleri ile değil, akılları ile değil, bilâkis, Aşk ile, zihin üstü bir kudret ve güç ile yapmaktadırlar. Onların işi insanlarla değildir, onların işi yaratılış ile ilgilidir. İlahî mayalama işini yürütürler, bir sonra ki yaratılışa katkı için iletirler. Tüm yaşanmışlıkları 'hâl'e, tüm 'hâlleri' ruhî bir 'mâl'e çevirirler, her 'mâl' oluşu, dem yaparlar, her 'dem', Tapduklu Yunus deyimi ile 'dem bu dem' olur. İşte bu gidişattaki her oluşum, damla damla batına doğru iletilen mesajlardır.

Ömrin anda berkitmiş yedilür bir kılıla / *Yunus Emre Divanı* / *Mustafa Tatçı*

Tapduklu Yunus'un şiirlerinde, 'kırklar, yediler, üçler' olarak belirttiği sayısal değerler, aslında Yüce Gönüllerdir. Her yörenin, her mahallenin, her toplumun, her ülkenin ve her kıtanın ayrı ayrı rakamsal hizmetçileri vardır. Hiyerarşik düzende sıralanmışlardır ve aralarında ne eksilme ne çoğalma vardır. Sayı her an tastamamdır. Birinin görevi değişse, hemen yerine diğeri gelir. Fizikte olanın tam yansıması batında da bulunur. Zahirde kul olanın batında Rab olarak yansıması vardır. Batında Rab olan, görünende kul olarak görünür. Kul olan kulluk, Rab olan Rablık yapar ki hiyerarşileri sonsuz ve sınırsızdır.

Hakk hesap yapmaz, Hakk hesap tutmaz. Lâkin hem batınında hem zahirinde olan rakamsal olarak ifade edilen bu ilahî hizmetçiler, Yüce Gönüllüler, yaratılışın her daim nizamda olmasını sağlarlar.

TAPDUKLU YUNUS ŞİİRLERİNDE BATINÎ KAVRAMLAR

> Geh çıkam 'Arş üzere bir can olam Selman olam Geh çıkam 'Arş üstine seyran olam cevlan olam / *Yunus Emre Divanı / Mustafa Tatçı*

> Vardugumuz illere şol safâ gönüllere Baba Tapduk ma'nîsin saçduk elhamdüli'llâh / *Yunus Emre Divanı / Mustafa Tatçı*

Özümsediğimiz tüm Nebî ve erenlerin ulaştıkları o gönül seviyelerine perdeler koymak kibrinden de sıyrılmalıyız artık. Herkes kendi bilincinde ve gönül seviyesinde, kendi cevheri kadar yüksek bilince ulaşma yetisine sahip! Bunu görememek en büyük kibir! Yeterince kavramlara doyduk, manâların derinliklerine eriştik. Peki bu havf ve reca (korku-ümit) arasında kalmak niye? Her birimizin Hızır cesaretinde, Yunus gönlünde olma zamanı gelmedi mi? Onlar bizden gayrı miydi ki? Yoksa gelirken getirdiğimiz o muazzam cevherleri Arz'a akıtamadıktan sonra neye yararız? Herkes ateşi kadar yakacak, kabı kadar ummana sevgi katacak.

> Büyük tablo'yu göremeyen zihin, küçük fırça darbelerinin yarattığı derin dehlizlerde kaybolur. / *Yunus'ca*

Yaradan, her birimizi ahsenî takvim (en güzel şekilde) üzerine yaratmıştır. Ayırmamıştır. Yaratırken de özgür seçim yapan bir ilahî iradeyi de katmıştır hamura. Seçim insana aittir. Yaşam tarzı yine kendinin belirleyeceği bir durumdur. Ya dünya kaderine boyun eğerek yaşar gider, ya da o kaderin üzerindeki kaderî plânlara dâhil olur bilmeyerek. Ya da Kader üstü kaderî plânların da daha üzerine çıkıp erenlere karışır ve bilerek ilahî hizmete dâhil olur. Bunların hiçbiri insana ne büyüklük ne de acizlik verir. Herkes yapması gerekeni en güzel şekilde yapıp gider. 'Er ya da geç' kavramı ilahî düzende yer almaz. Her şey olması gerektiği gibi olmaktadır. Vakti zamanı gelmeden tecelli olan hiçbir şey yoktur kâinatta. Yaratılış her an daim olduğundan düzen daima yenilenir, tazelenir. İnsanın kendine ve insanlığa yaptığı en büyük hizmet de budur.

Bütün Velîler ve Arifler, farklı diyarlara seyretmişler, bir yere, mekâna ve bir öğreticiye bağlı kalmamışlardır. Gönül bağı ile sadık olmak başka, sürekli ihtiyaç duymak ve boyun eğmek başka. Put, sadece şekil verilerek tapınılan değildir, bunun bilincinde olan yeni bilinçlere ve bilgelere ihtiyaç vardır. Bunu bilen öğretici de, vakti zamanı gelince öğrencisini seyretmesi için başka diyarlara gönderir ki kendisini put edinmesin. Hasetlik beslemesin, çünkü yükseliş yolunda en büyük imtihanlardan biri, eğer seyr verilmemiş ise, üstatlara bağlılıkları kıyaslayan öğrencilerin bunu hasetlik hâline getirmesi idi. Öğreticiler birer kılavuzdur, Rab'ların Rabbı'na Seyr-i sülûklerinde. Zamanında her şey böyleydi. Artık zaman değişti, bâtıni bilgilerin de revize olması, yenilenmesi gerekiyor. Bu yüzden Tapduklu Yunus daima seyr etmekten, daima seyran olmaktan bahseder şiirlerinde. Dur durak yoktur. Daha önce de bahsetmiştim, Menzil sahibi Hakktır, ondan gayrı tüm yaratılış seyr hâlindedir. Yenilendikçe Hakk olan bilgiler de yenilenir ve tekrar yansır. Âlemler, boyutlar arasında ve kâinatın her zerresinde bilgiler, sürekli alışveriş hâlindedir. Zaman değiştikçe, bir öğretici ve öğrenciye gerek kalmamıştır. Herkes kendinin hem öğreticisi hem öğrencisi konumundadır. Kalp sesini duyabilen, onu kendine yoldaş eyleyen herkes yoluna güzellik ile devam eder. Kendi zamanından seslenerek, bunun böyle olacağını haber vermiştir Tapduklu Yunus.

> Aşkı kılavuz tutdum, Aşka ulaşup geldüm. / *Yunus Emre Divanı* / *Mustafa Tatçı*

Bilinen yaratılış efsanesi 'Yaradan, Âdemin cismini topraktan var eyler, İblis, Âdeme tapmayı red eyler'. Bu bizim Âdemimizin hikâyesidir. Âdem'den önce yaratma hikâyeleri olduğu gibi, bizden sonra da yaratılış son bulmayacaktır. Farklı yaratma eylemlerinin amacı, Yaradan nazarında, varlıkların kendi özgür iradeleri ile hareket ederken, neler yapabileceğinin gözlemlenmesi ve deneyimlenmesidir.

Cismi topraktan olan Âdemoğulları, her an yaratılışa hizmet ederler. Bu hizmetin de gönderilerini toparlayan, tanzim eden, düzenleyen ve bir sonraki yaratılışın nasıl olacağını hazırlayan bir İlahî Düzene tabidirler. Kısaca, hem hizmet ediniz, hem hizmet göreniz.

> Kalu beli didük evvelki demde Dahı bugündür oldem ü bu sa'at
> / *Yunus Emre Divanı* / *Mustafa Tatçı*

Tapduklu Yunus, Âdem ve âdemoğullarının bir başlangıç olmadığını, onun da evveli olduğunu şiirinde konu etmiştir. Kendisinin bizzat, Kalu Belâdan önce de yaşadığını, var olduğunu anlatmak istemiştir. Ulu Divandaydım demek ile, yaratılışa olan bilinçli ve şuurlu katkısını da aşikâre dile getirmektedir.

> Kalu bela söylenmedin tertib düzen eylenmedin Hakk'dan ayru degülidüm ol ulu divandayidum / *Yunus emre Divanı* / *Mustafa Tatçı*

Seyr-i Sülûk Hikâyesi

50 koyunu ile çıktı köyünden, düştü yollara. Hayvanlarını otlattı, güneş kararmadan geri dönüyordu. Köye yakın yere geldiklerinde, hiç yapmadığını yaptı, koyunlarını saydı 49 idi. Peki o biri nerede idi? Kayıp olan birinin peşinden mi gitmek yoksa geri kalan 49'unu teslim etmek miydi köye? Güneş de battı batacak, hava alacakaranlık. Aklı 49 koyununda, kalbi giden bir koyununda. Seçim yapmalıydı. Nefsî mi olmalıydı 49

ile yetinerek, yoksa kalbinin sesini mi dinlemeliydi, kayıp olanı nı aramalı? Aklını çelen fikirler akıyordu âdeta, *'ölmüştür, kurtlar yemiştir, boşver kalan sağlar senindir, giden gitmiştir'.*

Ama yok! Biri de bin, bini de bir idi onun için. Her ne olursa olsun o biri aramalı bulmalıydı. En azından bu çabayı göstermeliydi. Zira kalbi ve gönlü bu yönde idi. Çoban köpeklerini organize etti, 49 koyunu emniyete aldı. Onlara seslendi *'aranızdan biri kayıp, gidip onu arayacağım, benim için hepiniz birsiniz, ha bir eksik, ha bir fazla demiycem. Bekleyin beni gelecem, dönemezsem köy yakın, gidin kendinize yeni sahipler bulun. Dönüp de bulmamak var sizi, hakkınız helal olsun.'* dedi çoban ve geldiği yolu takiben geri döndü, kayıp olan o bir koyunu aramaya koyuldu gecenin karanlığına dalarak.

Ormana dalmıştı çoban, kayıp olan o biri aramak için. Korkuyordu. Hem de çok korkuyordu. *'Korku ağrıları götürürmüş yürü be çobanım'* dedi içinden. Her an karşısına yırtıcı bir hayvan çıkabilir, kurda kuşa yem olabilirdi. Tir tir titreyen bacakları ilerlese de, aklı onu geri dönmesi için çeliyordu. *'Varsın gitsin o bir koyun ne yapacaksın, sen geride kalan 49 ile idare et'.* Yok ama, olmamalıydı böyle. Yola çıktıkların senindir ve biri dahi kayıp ise mutlaka onu aramalı ve bulmalıydı. Karanlık iyice çökmüş, zifir olmuştu her yer. Yerdeki ayak izlerini görmesi gittikçe zorlaşıyordu. Bir ses duymak için tüm gücü ile tıkırtıları takip ediyordu. Ormandaki börtü böceğin çıkardığı sesten başka hiçbir ses duyamıyordu.

Ağaçların arkasından, yaşlı ve sakallı bir adam çıkageldi ve tam karşısına dikildi. Üstü başı perişan bir adamdı bu. Çoban çok korktu, üzerini yokladı onu alt edebileceği bir alet bakındı fakat elindeki asadan başka hiçbir şeyi yoktu. Onu kendine siper etti. Yaşlı adam *'korkma ben dostum'* dedi.

Çoban *'nerden bileyim dost olduğunu?'.*

Yaşlı adam gülümsedi, *'sana ışık olacak bir şey sunacağım'*.

Çoban korkudan titreyerek asası ile savunmaya geçti *'yok istemem, geri dur'*.

Yaşlı adam hiç kıpırdamadı *'öldüğünde kavuşacağın şeyi, sana yaşarken sunmamı ister misin?'*.

Çoban *'hayır istemiyorum, zaten benimse, öldüğümde kavuşacaksam, şimdi istemiyorum'*.

Yaşlı adam kendinden çok emin huzur dolu bir ses ile *'Lâkin, bedenin toprak, ruhun asıl parçaya ulaştığında, kavuştuğun şeyin ne olduğunu bilemeyecek kadar meşgûl olacaksın, tekrar yollara düşeceksin. Oysa henüz bedeninde nefes alırken bunun yolunu sana sunuyorum, bil ki ölümsüzlere karış. Hadi delikanlı ruhunla cevap ver!'*

Çoban çok düşünür, gitmek mi kolaydır, dönmek mi zordur. *'Ey kocamış! 50 koyunum vardı biri şeytana uydu kaçtı, onu aramaya yola koyuldum, beni yolumdan etme!'*. Yaşlı adam güler bu cevaba *'Ey Miskin!, Emniyet almadan çocuğu duvara koyarsın, düşünce şeytandan bilirsin. Beşer kişi, beşer kişi, işi gücü, iblise yüklemek, yüklenmek'*.

Çoban hiddetlenir bu sözlere *'Bre kocamış, ne dersin, niye böyle dersin! Koyunlarım benim canlarım idi, biri kaçtı, bak iyi insanım ki peşine düştüm'*.

Yaşlı adam *'peki neden düştün peşine, seni onun arkasından sürükleyen vicdanın mıydı yoksa nefsin mi?'*.

Çoban 'Tabi ki aklım sürümde kaldı, ama gönlüm o kayıp birini aramayı emretti. İkisinin arasında kaldım, kalbimi dinledim. Madem bu yola girdim, sen çıktın karşıma, seninle geleceğim. Haydi uzat elini de tutayım' der. Yaşlı adam ona asasını ve üzerindeki hırkasını bırakmasını söyler. Çoban önce uzun uzun düşünür, yıllardır hırkası ve asası ile yaşamıştır, nasıl terk edecektir? 'Yok' der, 'bırakmam onları, zira onlar benim yoldaşım'.

Yaşlı adam 'terk etmezsen onları, hakikatleri ile karşılaşamazsın. Yola bilmediklerinle çıkacaksın ki, bilenlerden olasın'. Çoban için, ter döktüğü saatler başlamıştır. Elindeki asasına bakar, dayanağıdır onun. Kimsenin dayanağını kırmamıştır bugüne kadar, tek dayandığıdır o, dostu, arkadaşı, sırdaşı, yoldaşı. *Bırakayım bari* der elinden yavaşça yere bırakır, içinden de *'dönüşte bulursam alırım yeniden kavuşurum'* diye de iç geçirir. Sıra hırkaya gelmiştir, soğuklarda onu siper etmiş, sert rüzgârlara korumuştur, yağmurda ıslanmasını önlemiş hasta olmasına mani olmuştur hırkası. Nasıl bırakacaktır? *'Ah ah'* diye iç geçirir. Uzanıp üzerinde uyuduğu, karlarda uzandığında hiç üşümediği aklına gelir. İçinden *'nasıl ayrılırım ki dostum hırka senden'* diye iç geçirir. Yavaşça omuzlarından sıyırır ve yere usulca bırakır. *'Dönersem bir gün gelip seni alacağım bu yerden'* diye içinden serzenişte bulunur. Başını kaldırdığında, yaşlı adam gülümsüyordur. *'Nefsin sana fısıltılarını duydum, vedalarını da işittim. Yoldaşlarınla ne güzel konuşursun. Onları gölgede bırak ki, ışıkta gerçekliklerini gördüğünde şaşıracaksın. Hadi yola revan olma vaktidir'*. Yürümeye başlarlar, ama çobanın aklı hâlâ asasında ve hırkasında kalmıştır. *Bırakmasa mıydı ki acaba* diye düşünür. Yaşlı adam döner çobana *'hâlâ sırtında abanı, elinde sopanı görmekteyim. Terk et onları, fizikte bıraktın da, zihninde taşıdıkların daha yorucu ve ağırdır, yoksa takılıp düşeceksin'*. Çoban zihnini kayıtlarını düşünür, anılarını bırakır yere, bir hırkası bir asası vardır, iki etmiştir, başka neyi vardır ki? *'İkiyi bıraktım, bir kaldım'* der. Yaşlı adam da *'Beşer işi, saymadan bırakmaz, illâ sayacak illâ. Rakamlar seni yanıltmasın, sonra açar başına büyük belâ'*.

'Pek yürüdük, pek yol aldık ve yorulduk hadi biraz soluklanalım ister misin?' dedi yaşlı adam. Çoban itirazsız kabullendi, ayakları ağrımıştı. Oturdular, yaşlı adam sırtını dayadığı ağaca elini koydu, ağacın arkasından bir örtü eline geldi, örtüyü serdi çoban ile kendi arasına. Eli ile dokunduğu yerde sıcacık ekmek,

mis gibi kokan sıcak süt oluştu birden. Çoban şaşırdı, bu nasıl olmuştu?. Yaşlı adam *'hâlâ soracak sorun varsa, hiç koyulma yola, var git bıraktığın koyunların yanına'* dedi. Çoban soruları terk etti, mis kokan sütü içti, ekmeği yedi. Daha önce anasının, karısının yaptığı ekmeğe ve pişirdiği süte hiç benzemiyordu tatları. Zaten zihninde kıyas yapacak bir bilgi de kalmamıştı, anılarını da bırakmıştı abasını ve asasını bırakırken. Karnı doydu, şükür etti. Yaşlı adam *'bize bahşetmediklerin için hamd olsun'* dedi. Anlamadı çoban, uykusu gelmişti, yorgundu, biraz da üşüyordu. Uyumak için başını ağacın gövdesine yasladı ve hülyalara daldı. Rüyasında anasını, karısını gördü, sofra kurmuşlardı ancak sofra üzeri boştu. *'hani nerede sunduklarınız?'* dedi çoban onlara. Onlar da, *'Sen Hakk rızkını yemiş, kevser suyundan içmişsin, bizim sunduklarımız gayri senin ruhunu doyurmaz'* dediler.

Çoban ter içinde uyandı, güneş doğmuş sıcaklamıştı hava. Bakındı yaşlı adamdan eser yoktu. Dolaştı etrafı yoktu. *'hay Allah, beni terk mi ettin be yaşlı adam, söz vermiştin oysa bulacaktık o şeyi. o şey, o nesne neydi. neydi?'* Kalktı, üstünü silkeledi, tozunu kirini attı, tertemizdi artık. Geldiği yoldan geri döndü. Emanete aldığı koyunlar ve çoban köpekleri orada duruyor kendisini bekliyordu. *'Haydin yoldaşlarım, çok beklettim sizi, yürüyün de gidelim yolumuza'.*

Vardılar köylerine çoban ve yoldaşları. Kapıda karısı karşıladı çobanı. *'Hani nerde asan, nerde aban?'* dedi kadıncağız.

Çoban *'Sorma başıma gelenleri hatun. Koyunlardan birini kaybetmiştim aramaya çıktım, bir yaşlı adama rast geldim, elimdeki sopayı, sırtımdaki hırkayı bırak terk et dedi, eskimiş onlar, tüm eskimişliğini at dedi, bıraktım öylece toprağa.'*

Kadın *'hangi kaybettiğin koyun?'* dedi. *'Senin elli koyunun vardı biri doğum yapacak diye ayırmıştım, ahırda bekler, hatta doğurdu bile bir de kuzumuz var artık.'.*

Çoban şaşırdı *'yani koyunlardan biri kayıp değil miydi? Vay başım benim, unutmuştum zira. Eksik diye eksilenin peşinden düştüm yollara, ama gel gör ki eksik diye üzülürken bir fazlam bile olmuş. Bu da Hakk'ın bize hediyesidir. Allah diş verir koz vermez, koz verir diş vermez.'*

Kadın *'karanlıklarına dalman iyi olmuş, zira yüzüne aydınlık gelmiş, yüreğine cesaret, pek bi değişmişsin sen. Artık sen eski sen değil, yenilenmiş tazelenmişsin, sözlerin bile değişmiş, daha bir aydınlık olmuşlar. Hakk bir kuluna maarifet bahşetmiş ise, bunu onda bilmek ve görmek ister. Artık bu sözlerin cümle âleme yayılsın çobanım. Hayırlar getirsin bu hâl sana.'*

Birlikte ahıra gidip yeni doğan kuzuyu görmeye yol aldılar.

Seyr-i Sülûk Kavramı

Tasavvufta, seyr-i sülûk, sufilerin miracıdır. Seyr 'gezerek gitmek', sülûk 'yol' anlamına gelir. Bir yoldan gezerek gitmek anlamındadır. Seyr-i sülûk ile ilgili yazıları okuduğumuzda, hepsinin de anlaşılmaz kelimeler ile dolu olduğunu görüyoruz. Anlamadığımız için de, ne manâya geldiğini bilmiyoruz. Bilenler eskide kaldı. O vakitler öğreticiler, mürşitler vardı ve Seyr-i sülûk yoluna giren Dervişlere yardımcı oluyorlardı. Günümüzde böyle bir çalışmaya girmek neredeyse imkânsız hâle geldi. Varsa da çok az hatta yok denecek kadar az.

Her Derviş mutlaka miracını tamamlayacak o yolculuğa çıkar. Yolculuğa çıkan Dervişlerin sülûkleri türlü türlüdür. Çünkü her insanın Hakk katındaki hakikati birbirinin aynısı değildir ki yaşadıkları aynı olsun. Kendi âlemi ile dünyaya doğan insan, dünya denen âlemde yaşar. Kendi âleminden manâ olarak haz alır, dünya âleminden de fiziki olarak beslenir. Her insanın kendi gizli âlemi ve bir de görünen dünyası vardır. Yani kısaca, hem bu dünyada yaşıyoruz hem kendi dünyamızda. Lâkin insanlığın büyük bir çoğunluğu sadece bu dünyada yaşar, kendi gizlisinden, batınından, iç âleminden habersiz olarak. İç âlemlerinden haberdar edilen Dervişler, sufiler, Hakk yoluna girmenin şartı olarak, kendi iç âlemlerine, gizlilerine doğru çıktıkları yola **Seyr-i sülûk** denir. Mutlaka bir öğretici tarafından kontrol edilerek yapılmalıdır. Tapduklu Yunus'un mürşidi Tapduk Emre idi. İlla ki mürşitlerin, yaşayan insanlar olması gerekmiyor, gayb erenleri de Dervişlerin Seyr-i sülûklerinde yoldaş olabilirler. Hz. Muhammed'e miracında Cebrail eşlik etmiş, Hz. Musa'ya ise Hızır yol göstermiştir.

Tapduklu Yunus, Seyr-i sülûkunu bir şiirde gayet anlaşılır bir dil ile anlatmıştır. Yazdığı her sembolik ifade aslında gerçekte gördüğü değil, hissettiklerinin dünyasal karşılığı olan ifadeleridir. Seyr-i sülûk bir ormana dalmak, yürüyerek dağları taşları aşmak, bir mağaranın derinliklerine girmek, yükselmek zirvelere ulaşmak olarak algılansa da böyle değildir aslında. Kendini tanımanın ve bilmenin en büyük felsefesidir.

Her yol denenebilir, mühim olan insanın hangisinden iç huzur aldığı ve kalbinin buna razı geldiğidir. Razı ise sorun yoktur. Fakat en küçük bir şüphe ve sıkıntı yaratıyorsa bunun sorgulanması gerekir. Sorgulamadan hiçbir yeninin kabul edilmemesi gerekir. Bir insanın soruları varsa arayışı bitmemiştir. Sorular tükendiği vakit, gönül razı gelir ve kabul edilir. Tapduklu Yunus'un soruları bitene kadar kendisine ormanda odun kesme görevi verilmiştir. O eğri büğrü tüm odunları 'düzgün' hale getirene kadar, kendi ile olan tüm hesaplaşmalarını bir bir yerine getirir. Akşam olduğunda ise, dergâhta Dervişlerle muhabbete dalar. Muhabbetin getirdiği tüm Cezb-i, hâl olarak yaşaya yaşaya kendine hâl eder ve mâl eder. Bunu da yine kendi ormanına dalarak, orada korkularını tanır, iç hesaplaşmaları ile yüzleşir, insanlar hakkında ve özellikle de dünya maddesi olan 'eşya'ya olan bağlılığının tutsaklığından azat olmanın yollarını yöntemlerini bulur. Dışarıda kendisini bekleyen dünyevî bir hayat vardır. Tapduklu Yunus bunların hepsinden kendisini uzak tutarak, dergâhta kendisine verilen her işi itiraz etmeden, şikâyet etmeden, 'daha ne kadar sürecek' diye dile getirmeden yerine getirir. Kendi içinde bunların hesabına düşecektir elbette, mühim olan dışarıya yansıtmadıklarıdır. Kendi iç dünyasının karanlıklarına dalar, gönül ışığı en büyük rehberidir. Kendi ışığı ile, kendi karanlığında yol alır. Kayıp olanı bulmak için. O kayıp olan kendisinin öz hakikati ve cevheridir, dünyaya doğarken bunları icap gereği unutmuştur.

Bunu bilmek, hatırlamak, bulmak için içe doğru bir süzülüş, bir yönelişe geçer. Tapduk Emre gibi bir ulu mürşidin yardımı ile her şeyin üstesinden gelebilecektir.

Manevî olarak içselinde yaşadığı sorular sürekli aklını çelecektir. 'Ne işi vardır ki dergâhta? Ailesinin yanına dönebilir, çoluk çocuğa karışabilir, varsa ailesi onlarla meşgûl olabilir, tarlasını ekip ekini ile zengin olabilir, ya da zengin ise daha farklı bir hayata yönelebilir'. Tapduklu Yunus bu sorular ile ormanda odun kesmeye devam eder, nefsi sürekli aklını çelmektedir. Az yedikleri ile yetinir, nefsi daha fazlasını istemiştir. Ormandan çıkıp başka diyarlara gidip farklı yaşam tarzlarına yönelmesini ister nefsi, bunlarla mücadele eder ve bu hiç bitmeyecek, süresi belli olmayan bir yoldur. Şeyhi, sürekli onu gözlemlemekte ve 'hâlâ dünyalık kokarsın Yunus' demektedir. Tapduklu Yunus daha fazla nefsi ile meşgûl olur, nefsini Derviş eyler ve nefsinin isteklerini, bedenini yorarak, her isteğinin karşılığında ona cevaben gönlünün ışığını sunarak yoluna devam eder. Bedeni yorar, genç yüzü kırışmaya saçlarına aklar düşmeye başlar. Beden yoruldukça, soruların cevaplarını yaşaya yaşaya hâl ederek 'dem' eder. Demlenir Tapduklu Yunus. Nefsini kıra kıra, un ufak eder. Her bir parça, ayrı ayrı yanar küle döner. Gönül ışığı, nefsin karanlıklarına galip gelir.

Tapduklu Yunus'un Seyr-i sülûk'unda elde ettiği tüm verileri bir şiirinde toplamıştır. Şimdi o şiiri ile bize neler anlatmak istediğine bir bakalım. Şiirden çok mühim olan dizeleri alıp üzerinde yorum yapmak istedim. Uzun uzun yazmak istemiyorum. Anlayışımıza uygun olanlar kâfidir.

> Suretden gel sıfata yolda safa bulasın Hayâllerde kalmagil yoldan mahrum kalasın Bu yolda acaib çok, sen acaib anlama Acaib, anda ola, dost yüzini göresin / *Yunus Emre Divanı* / *Mustafa Tatçı*

Suretler şekil almış manâlardır. Her bir suret, hakikatin yansımasıdır. Fakat ilahî plânlardan süzülerek geldiği için, deforme olur. Bu yüzden her suret, hakikatini tam yansıtmaz. Hakk katındaki gerçeklik ile, onun katmanlardan geçişteki değer kaybı, dünyada surete dönüşmesi biraz gölge oluşumdur. Her görünenin, aslı mükemmeldir. İnsan nefsini bildiği daha sonraki aşamalarda sildiği sürece de, suretinde değişmeler olur. Daha aydınlık bir görüntüye sahip olur ki, eski Velîleri ve Nebîlerin suretlerini gizlerler. Bir ışık yansıması olarak resmederler. Suretten sıfata yol almak, bir basamak manâya doğru ilerlemektir. Tapduklu Yunus, adım adım ilerlemeyi, tedricen basamak basamak çıkmayı uygun gördüğü için görünen şeklin bir önceki merhalesine yol alınması gerektiğini vurgulamıştır. Bunu yaparken de, zihni kayıtlarını bir kenara koy, yoksa hayâllere dalarsın diye uyarmıştır. Eğer gülü kokluyorsan, gülün kokusunu hayâl etme, gerçekten kokusunu içine çek ve surette gül olarak görünenin, sıfatına yol al. Gülün neden var olduğunu da düşün, sıfatına er. Gül ile ilgili hayâllerini koy bir kenara, geçmişte onunla ilgili yaşadığın tüm hatıraları bırak. Kayıtlarındaki gül kokusunu unut, tazelenmiş yaratılıştaki gülün ve kokusunun farkında ol. Zerre kadar bir uyanıklık hâli bile sana her şeyin ne kadar acayip olduğu hissini uyandıracak. Gülün rengi başka, kokusu başka, konuşması başka olacaktır. Sakın acayip sanma, çünkü asıl acayiplik ve hayrete, dostun yüzünü gördüğün vakit düşeceksin, yani kendi hakikatinle yüz yüze geldiğinde.

> Işk kuşağın kuşangıl dostun yolını vargıl Mücahede çekersen müşahede idesin Bundan ışkun şehrine üç yüz deniz geçerler Üç yüz deniz geçüben yidi Tamu bulasın Yidi Tamuda yangıl her birinde kül olgıl Vücudun anda kogıl ayruk vücud bulasın / *Yunus Emre Divanı / Mustafa Tatçı*

Tapduklu Yunus burada, bize Aşkın kuşağı ile kuşan diyor. Yani bu yola girip de acayip görmeye başladıktan sonra artık manânın tadına varmışsındır. O tadı bir kere aldıktan sonra geri dönersen bir daha senden hayır gelmez. Ya bu yola hiç girmeyecektin ya da tamamına erdirmelisin. Şiirde **Mücahede etmelisin** derken, bunun ile içsel olarak savaşmalısın. Akıl seni yolundan etmek için bin bir hileye başvuracaktır, hele nefsin bu yolda olmanı asla ve kat'i istemeyecektir. Sen onları dinleme, gönlünün ışığını rehber et ve yürü yolunda. Aşkın şehrine varman için denizler geçmen gerek ki geçtikten sonra kendi Tamun olan cehennemin ile karşılaşırsın. Orada her ne varsa terk edeceksin, çünkü o ateş sendeki tüm nefsi ve bedeni haz ve duyguları yakacaktır. Çok acı da verse buna katlanmak gerekir. Çünkü Aşk çağırdığı vakit, davete icabat gerekir. Ya gideceksin ateşlerde yanacak ya döneceksin yolundan bir daha iflâh olmayacak şekilde.

Seçim insana aittir. Çünkü yolda çakılı kalınmaz. Yol daima yürümek içindir. Durduğun vakit, kayıplara karışır, karanlık bir ruh olursun. Çünkü insan ancak kendine zulmeden kâinattaki tek varlıktır, velev kendi dışında ona zulmeden yoktur. Bedenini küle çevirmeden, Hakk nuru ile yeniden vücud bulamazsın demektedir Tapduklu Yunus.

Beden manâda bütünsel olarak yanmaz, ancak parça parça olacak, un ufak olacak ve her bir parçası ayrı ayrı küle dönecektir. Her bir kül ayrı ayrı cezb olacak, Hakk nuru her bir parçayı ayrı ayrı aydınlatacak ve yeni vücudun hücrelerini oluşturacaktır. İşte o vakit Tapduklu Yunus, *suretten sıfata yol alabilirsin, hayâllere kapılmadan'* demektedir. Celâl sıfatında Cemâl sıfatını görmektir bu. Her şiddetli fırtınadan sonra pırıl pırıl açan güneş gibi. Çok şiddetli yağmurlardan sonra gökkuşağının açması gibi. Bunlar çok basit örneklerdir. Bunlar sıralı olan hadiselerdir. Oysa Arif, Celâl sıfatında Cemâli görür. En hiddetli, en şiddetli, en zalim durumda, güzelliği sezer. Azabın içinde rahmeti görmesidir bu. Yoksa azabın peşi sıra gelecek rahmeti görmek değildir. Peşi sıra gelenleri ancak beşerîyet görebilir. Oysa Arif, iç içe geçmiş olan suretten sıfata yol alır. Suret içindeki sıfatı görmektir bu. Fırtınadan sonra güneşin açmasını görmek değildir Arifin işi. Onun müşahedesi yani görmesi, fırtına için de yağmurun ferahlığı, rüzgârın hoş esintisi, düzenin ahengi, toprağın suya doyması, tohumların rüzgâr ile savrulmasıdır. Herkes cehennemin ateşinden korkar, yanıp yok olacağını düşündüğünden, Tapduklu Yunus, bedenini un ufak eder ve o ateşte onları bir bir yakar ki, yeniden vücud bulabilsin.

> Hakikatdür Hak şarı yididür kapuları Dergâhında yüz dürlü gerek kudret göresin Evvelki kapusunda bir kişi durur anda Sana eydür teslim ol gel miskinlik bulasın / *Yunus Emre Divanı* / *Mustafa Tatçı*

Gerçek olan ev, şehir, yurt, aslî vatan Hakk şehridir yani Hakikattir. Tapduklu Yunus'un şiirinde dergâh olarak bahsettiği ise şehrin içidir, yani Hakikate kavuşmak, hemhâl olmaktır. Ancak bu kapıdan âşıklar girer, nefsini bilmiş ve sonra da silmişler. Birliğin kapısıdır bu, sonsuz sabır ile gelinir buraya, her varlığa sonsuz hoşgörü göstermişlerin kapısıdır. Sonsuz Aşk ile donanmışların, hakikatte üryanların kapısıdır.

İkinci kapusundı iki arslan vardır anda Niçeleri korkutmuş olmasın kim korkasın Üçüncü kapusundı üç evren vardur anda Sana hamle iderler olmasun kim dönesin / *Yunus Emre Divanı* / *Mustafa Tatçı*

Hakk, kendine secde edilmesini dilememiştir, O tüm varlıkların Âdem'e secde etmesini emretmiştir. Nihayetinde Âdem topraktan yaratılmıştır. Nefsi olmayan melekler ve tüm kâinatın yaratılmışları Âdem'e secde etmişlerdir, bir tek Azazel secdeye varmadı, çünkü o Âdem'e baktığında sadece toprak görüyordu. Kendisi zamanın başlangıcından beri vardı, sonradan yaratılmış bir toprak âdemine mi tapınacaktı? Ayrıntıda kaldı, gizlice baktı Hakk'ın, Âdem'in gönlüne yerleştirdiği hazineyi gördü ama oralı bile olmadı. Tüm kâinatın her zerresi, Âdem'e şuursuzca secde ettiler, bir tek aklı ile bunu kabullenmeyen Azazel oldu, dönüşerek yalın ateşten bir kor hâline geldi. Yanacaktı sonsuza kadar çünkü asla kabullenmedi topraktan olan âdemin kalbindeki Allah'a. Kabul etmediği sürece de yalın ateş olarak kalacak, asla Hakk nuruna dönüşemeyecekti. Çünkü İblis, Kibir ve Gazap sıfatlarının esmasına ulaşmış, daha ilerisindeki manâya aklı yetmemiş, müsemmasını görememişti. Toprağa secde etmenin mantıksızlığı, kabulsüzlüğü, Zahir ismindeki Allah'ı görmesine engel oldu. İşte insan terk etmez ise tüm yalanlarını, sürekli yanan bir aleve dönüşür. İçi çıfıt çarşısı gibi olur. Kendi gönlündeki Sultanı göremez ise, giremez o Hakk dergâhına. Tapduklu Yunus, cehennem ateşine girmiş ve kendi nefsini un ufak eyleyip yakmış küle çevirmiş Hakk nuru ile bezenmiş yeni vücuda kavuşmuştu. Yolda karşısına çıkan iki arslan olan 'Kibir ve Gazap' sıfatlarının, esmasına ve müsemmasına yol almalıydı. O kalbindeki Allah'ı görmüş fakat henüz ulaşamamıştı. Kibrinden ve onun gazabından korktuğu için de yola girmeyi daima reddetmişti, ama gönlündeki ışık ona yol gösteriyordu.

Dördünci kapusında dört pîrler vardur anda Bu söz sana rumûz-dur gör kim delîl bulasın Beşinci kapusında biş ruhbân vardur anda Dürlü metâ'lar satar olmasun kim alasın Altıncı kapusında bir Hûr oturur anda Sana eydür gel berü olmasun kim varasın Çün kim anda varasın ol Hûrîyi alasın / *Yunus Emre Divanı* / *Mustafa Tatçı*

Tapduklu Yunus, yolculuğunda korkusuzluğu öğrendi, yırtıcı olan tüm canlılarla barışıktı, kendisine zulmeden tüm insanlarla tanış oldu, onların gönüllerini ak pak eyledi. O gücü ve kudreti almıştı, çünkü Hakk şehrine varan, oradaki hazinelere de kavuşacaktır.

Bir vâyeden ötürü yoldan mahrûm kalasın Yidinci kapusında yidiler otrur anda Sana kurtuldun dirler gir dost yüzin göresin Çün içerü giresin dost yüzini göresin Ene'lHak şerbetini dost elinden içesin Şu didügüm keleci vücûddan taşra degül Tefekkür kılursan cümle sende bulasın Yûnus işbu sözleri Hak varlığından eydür İsterisen kânını miskînlerde bulasın / *Yunus Emre Divanı* / *Mustafa Tatçı*

Tapduklu Yunus, yolda aklını çelen her şey ile karşılaşmış fakat hiçbirine itaat etmemişti. O uzaklarda ışığı görmüyordu, bilâkis kendi gözlerinden yansıyordu o ışık. Zaten onun uzaklar ile ilgisi yoktu. Tapduklu Yunus'un, yürüdükçe, mesafesi azaldıkça, yakınlığı hiç değişmeyen Hakk'ı vardı gönlünde. Tapduklu Yunus, şiirinde Seyr-i sülûkunu sembollerle aktarmış olsa da, aslında tam da gerçeği ifade etmekten beri durmuştur. Çünkü kendi seyrinde yaşadıklarının sadece kendine has bir hâl olduğunu, hiç kimsenin aynı hâli yaşamayacağını, herkesin kendine has seyrinin olduğunu bize sunmuştur. Bir benzeri olmayacak, olursa da taklit olacaktır.

AŞKA VARDIKTAN SONRA KANADI KİM ARAR

Herkes, istisnasız herkes, kendi Seyr-i sülûkunu yine kendi hâlleri ile yaşar ve yaşadığı her şey yine kendinde sır olarak kalır. Birinin diğeri ile benzeşen hâlleri, ancak o kişinin hayâlleri ile sınırlıdır. Seyr-i sülûkta hayâllere yer yoktur, eğer zihnin kayıtlarından kullanıyorsa, hayâllerle, taklitle, öğrenip bildikleri ile yolda yürüyorsa, bu zaten 'sahte' bir seyr olacaktır. O kişi için bir eğlence, bir tarz, bir görüş olabilir. Ama hiç bir zaman hakikatli bir seyir olmayacaktır. Kitabımın başında bahsettiğim gibi, Tapduklu Yunus, seyre nasıl çıkılacağının şifresini vermiştir. Yola bildiklerinle değil, bilmediklerinle çıkılır. Bilmediklerin, seni her türlü suretten, sıfattan, hayâlden beri tutar. Öğrendiklerin yüktür, onları terk etmen icap eder. Terk edemezsen, hayâller âleminde kalırsın. Suretten öteye gidemezsen sadece görünenle yetinirsin. Sıfatlar âleminde kalırsan, çirkinliklerin içindeki güzellikleri keşfedemezsin, Celâlin içindeki Cemâli bulamazsın. Toprak Âdem'in içindeki Hakk'ı göremezsin. Yola çıkarken de terk ettiklerin kadar, sunacakların da önemlidir. Çünkü eli boş gidilmez Ulu yolda. Doğarken getirdiğin tüm donanımlar, yetenekler, cevherler senin bohçanı doldurur, oradan beslenir hayatını idame ettirirsin. Ancak insanın yolda yürürken heybesi daima boş olacaktır ki, yeniler ile karşılaşabilsin.

Seyr-i sülûk, ulu bir yoldan gitmektir, eli boş çıkılmaz ise, sunacağın sadece aşkındır, niyetindir ve kararlılığındır. Herkes bu yoldan gidemez, gidenlerin hâlleri ve yaşadıkları birbiri ile benzerlik taşımaz. Herkesin bir âlemi, her âlemin bin bir hâli vardır. Bu yolda yalnızsın, yalnızlığın en derûn hâlinde. Kim devreye girerse, hayâller ile aklını çeler. Bu yüzden yalnız olman, gönül ışığın, akıl süzgecin sana yolda yoldaşlık edecek en büyük cevherlerdir.

Seyr-i sülûk'ta insan, manevî ölümler yaşar. Açlıkta ölür, insanların eziyetlerine katlanmakta ölür, nefste ölür, hırka giymekte ölür. Açlıkta ölümden kasıt, oruç manâsındadır. Ancak bu oruç yılın belli zamanlarında tutulan bir oruç değildir. Bir ömür boyu tutulan oruçtur. Az yemenin hakikatine varmaktır. Bunun dışında açlık hissedilen her şey bu 'açlıkta ölüme' tabi dir. Konuşma orucu tutmak da bir açlıkta ölüme girmektedir. Hâl ve hareketlere dikkat etmek, kavga etmemek, menfî sözler dile getirmemek, ele, dile ve bele sahip olmanın manâsına ermektir. Açlık olarak hissedilen ne var ise, bu tüm bedensel arzu ve istekleri kapsar, bunların doyurulmasının en asgarî olanının yerine getilmesidir. İnsanların eziyetlerine katlanmakta ölür manâsı ise, kendisine yapılan her hareketin, söylenen her sözün insan vasıtası ile Hakk'tan geldiğine inanır ve teslim olur, boyun eğer. Her gelen etkiyi, mantıkla, aklı, kalbi ve gönlü ile yorumlar, karşılığında ise sabır, hoşgörü ve saygı gösterir. İnsanların eziyetleri ve cefaları sınırsızlığın boyutlarına da ulaşsa, Derviş 'aman' demez, 'merhamet' dilenmez. Nefste ölür manâsı ise, nefsi bilmenin ötesine geçerek, nefsi silmektir. Hırka giymekte ölür manâsı ise, doğarak geldiği bedenin içinde, nefesi kesilmeden ölmüş, Hakk nurunun yeniden yarattığı bir vücut ile yeniden doğmuş, 'diril'miş, uyanmıştır. Tapduklu Yunus'un yaşadığı tüm hâller vakte bağlı değildir.

Her makamda bir hâl yaşar, her halde bir hemhâl olur. Seyr-i Sülûkta ne başlangıç ne son vardır. İnsanın, Arş'tan Rahme olan yolculuğu bir seyirdir, Rahimden Kabre olan yolculuğu da bir seyirdir. Tasavvufta 'seyir var seyir içinde' sözü kullanılır. Varlığın yolculuğunda, uyanık bir şuur ile yapılan Seyr-i sülûk, ruhun gelişimini tamamlamakta ve onu üst merhalelere iletmektedir. Yoksa varlık, daimî seyir hâlindedir. Seyir asla bitmez, çünkü menzil sadece ve sadece Hakk'ın Makamıdır.

Orada sadece Rahman oturur. Bunun dışında yaratılmış varlıklar daimî seyir hâlindedir. Bilinç ile, bilinç üstü hâl ile, bilerek, uyanarak, uyuyarak, hiç farkında olmadan da seyir devam etmektedir. Seyrin ne başı ne sonu vardır. Seyir evvel de başlar ezelde devam eder.

Tapduklu Yunus, seyrinde, temaşâyı seyretmiştir. Hakk'ın tüm isim, fiil ve sıfatlarının tecellisini, gönül gözü ile temaşâ etmiştir. Her çiçekte, her hayvanda, her ağaçta, her esen rüzgârda, her yağmurda, her bulutta, hatta su içinde dönen dolapta. Onlarla konuşmuş, onların Hakk'ı tesbih eden konuşmalarını dinlemiştir. Bu yüzden Baba Tapduk, Tapduklu Yunus'un yola revan olması için buyruk vermiştir. Çünkü dergâhta öğrenilen kuru bilgi, kimseyi bir adım ileri götürmeyecektir. Yaşamın hâl sanatına ermek için, yollara düşmek, her zerrenin yeniden yaratılışına şahit olmak icap eder. Çünkü Dervişin her hâli, Hakk'a götürür onu.

Sende bulasın Mi'raç, sana gelir cümle yol Dervişlerün halleri, Hakka gider yolları / *Yunus Emre Divanı* / *Mustafa Tatçı*

Tapduklu Yunus, bizlere, seyrin hiç bitmediğini şöyle açıklamaktadır: Herkes istediği şeye kavuştuğunda bir 'son' ile yüzleşir ve ismi öyle anılır. Mecnun Leylâsı ile, Derviş sohbedi ile, ahiler ahireti ile, beşer cenneti ile. Yunus ise 'bunların hepsi benim, ama hiçbiri ben değilim, bana bunlar gerekmiyor, bana sadece Hakk gerekiyor' der ve Yaradan'a 'Sen' diye seslenir. Bu da Tapduklu Yunus'un manevî hâl ile Rabbine ne kadar yakînlaştığının nişanıdır. Şunu da belirtmek isterim ki, bu yakînlık hâli, Tapduklu Yunus'ta ne artış ne azalış ile ortaya çıkmıştır. Zaten daima o yakînlık vardi, sadece her zerrede yeniden var oluşu temaşâ eden, seyreden Tapduklu Yunus, Hakk ile dopdolu olduğu süreler uzadıkça, o hâller ile dem oldukça, dem bedem hâline ulaşır ve orada Hakk'a 'Sen' hitabı başlar. Tapduklu Yunus'un, 'benem' ifadesi ile, Hakk'a 'Sen' diye seslenişi, kâinatta her ikisinden başka varlık kalmamış imajını vermektedir.

TAPDUKLU YUNUS ŞİİRLERİNDE BATINÎ KAVRAMLAR

Sufilere sohbet gerek, Ahilere ahret gerek Mecnunlara Leylâ gerek, Bana seni gerek seni / *Yunus Emre Divanı* / *Mustafa Tatçı*

Daha ileriki hâllerinde Tapduklu Yunus, kendinden ve dünyadan geçer. 'Sen' demeyi bırakır 'benem' demeye başlar. Bu Seyr-i sülûkunda Tapduklu Yunus'un Allah'a varması, fenaya ermesi hâlidir. Elbette bu sözler, laf olsun diye söylenmez, bunu söyleyen de söyleten de Tapduklu Yunus'un Hakk ile Hakk olmuş hâlidir. Bilinçli söylense de, o artık tüm yaratılmışlarla, âlemde her ne varsa artışı olmayan bir 'çokluk' hâlinin idraki, çokluktaki birliğin bir dembedem hâlidir. Bu hâle ulaşan ancak ve ancak Yunus gönüllüler olabilir.

Benem sahib kıran devran benümdür Evvel benem ahir benem canlara can olan benem O Kadiri Kün feyekun lutf idici Subhan benem Muhammed ile bile Mi'raca çıkan benem / *Yunus Emre Divanı* / *Mustafa Tatçı*

Tapduklu Yunus felsefesinde, 'Dervişlere Hakk'ın Nur yüzü gerekir, dünyalık gerekmez' bilgisi vardır. Baş gözü olan dünya gözü eşyayı görür, eşyadaki Hakk'ın Nurunu temaşâ eder, seyreder.

Bize didar gerek, dünya gerekmez, Bize manâ gerek, dava gerekmez / *Yunus Emre Divanı* / *Mustafa Tatçı*

Her insanın, dünyada görünen her şey ile bir davası vardır. Midenin acıkması ve yemeğin yenmesi bir davadır. Bir kişi ile yaşanan tüm konuşmalar, sohbetler, alışverişler bir davadır. Hatta bir bebeğin annesine muhtaçlığı da bir davadır. İnsanın nefes alması için ağaçların oksijen üretmesine ihtiyacı olması da bir davadır. Fiziki olarak arzulanan istenen her şey insanda bir dava oluşturur. Bu yüzden Tapduklu Yunus, dünyadan el etek çekmenin manâsını **'dava gerekmez'** ve **'biz gelmedik davi için'** demektedir. O dünyanın sunduğu tüm nimetleri, kendi kaderinin sunduğu selâmeti, yaşaması için gerekli tüm fiziksel ihtiyaçları terk etmesi, **'dava'** için gelmediğini ortaya koymaktadır. O bir savaş hâlinde değildir, barış hâlindedir. Buna da belli bir anlayış, idrak ve hâl sonucu ulaşmıştır. Her yaptığının bir dava olmadığını, davayı terk ettiğini, her yaptığının şuurlu olduğunu bunu sevgi, hoşgörü ve saygı ile yaptığını belirtir. **'Davi, dava'** şuursuzların, **'Sevi, sevgi'** idrakli ve şuurluların büründüğü bir hâldir. Her insan yaptığının şuuruna bilincine vardığı vakit, ilmü ledün lisanı olan 'kuşdili'nden konuşmaya başlar ve davalığını terk eder, sevgi ile âlemlere katkıda bulunur.

Şuursuz insan bedeni, dünya ve diğer tüm insanlarla her hareketi ile davalıktır. Şuurlu insan ise, bedeni, dünya ve diğer tüm insanlarla sevgi içindedir. Buna ulaşmak için de uyanmak, varlığının bilincine varmak, özünün farkına varmak, ruhunda aksedenleri işitmek gerekir.

Tapduklu Yunus, felsefesinde davilikten seviliğe geçişin, kanatlı uçarken, kanatsız uçmak olduğunu vurgular. Davi içinde olanın kanatları vardır, sevi içinde olanın da kanatları olmadığını, çünkü o kanatlara ihtiyacı kalmadığını açıklar. Davi içinde olan kanatlara ihtiyaç duyar, sevi içinde olan artık kanada ihtiyacı kalmamıştır. Kanattan kastı, dünyasal her türlü dayanaktır. İhtiyaç duymak, esir olmak, mahkûm olmaktır. Zihni kayıtlara, dünyanın tüm dürtülerine, bedenin tüm isteklerine karşı koyamamak, kanatlı olmaktır. Oysa sevi içinde olan, dünya ile baş edebilen, arzu isteklerini dizginlemiş, kontrol eden, iyi-kötü manâlarından azad olmuş, zihnin kayıtlarından kurtulmuş, mahkûmiyeti bitmiş, kanatsız uçabilen insandır. Elbette ki her insan, ihtiyaçlarını karşılamalıdır. Fakat bunu kontrollü olarak yapmalıdır. 'Çoğu zarar verir uyutur, azı karardır insana kendini tanıtır' ilkesine uygun olması, o insanın uyanışına, farkında olmasına bir adım attırır.

Önemle belirtmeliyim ki, Hakk yolu zor bir yoldur, herkesin bu yola girmesi şart değildir. Lâkin giren de geri dönmemelidir. Bu bir 'arada kalmak' anlamına gelir. Hakk kapısı dileyen herkese açıktır, diyetleri fazladır, acıları çoktur, terk etmeler insana acı verdiği kadar huzur verir ancak bunu yaşamak gerekir. Yaşamak için de cesaret lazım. Öyle ya da böyle herkes bir seyirdedir, ister dünyayı doya doya nimetleri ile yaşar, uyur, uyanmak istemez, isterse de kendini 'aza çeker' uyanışa geçer, eşyadan azat olur. Bu tamamen insanın kendine kalmış bir iradedir. Çünkü Hakk, insan yaratılış hamurunda 'ilahî irade' katmıştır. Dilediğini yapmakta serbesttir, irade sahibidir. Her yaptığının da menfî ya da müspet, karşılığını görecektir. Her yol insanı Hakk'a vardırır. *'Yola canını koyan yarın ivazın verir'* der Tapduklu Yunus bir şiirinde. İvaz'dan kastı ise 'bedeli'dir. Her yapılanın bedeli vardır. İster şuursuz, ister şuurlu insan olsun, her yaptığının hesabını verecektir, karşılığını görecektir.

> Bugün canum yolda koyam yarın ivazın viresün / *Yunus Emre Divanı / Mustafa Tatçı*

Seyr-i sülûk, kendinden kendine yolculuktur. Âlemde her ne var ise seyir hâlindedir. Yani her geçtiği boyutta, daima misafirdir. İnsanın seyrinin amacı, kendi içindeki Hakk'ı görmesidir. Hakk, insan içinde meknuzdur, yani gizli bir hazinedir. Her şey zıddı ile var olur bir tek Hakk'ın zıddı olmadığı için görünür olmaz. Görünür olmayan bir şeyi bulmak zordur, tüm zıtlıklardan arınmak gerekir. Seyrin amacı, tüm zıtlıkları bütünlemek, manâsına ermek ve Hakk olan varlığı gönül gözü ile nazar etmek gerekir. Seyire çıkan Derviş, tek bir yoldan gider ancak o yol sonsuz seçeneklidir, türlü türlüdür. Bu yüzden seyir, her insan için ayrı bir özellik taşır ve kendine has bir 'parmak izi' vardır. Bir Dervişin seyri, diğeri ile benzeşmez. Benzeşse bile asla aynı değildir. Çünkü her insan, yaşadığı seyirde ayrı cezb yaşar, ayrı bir lezzet alır.

Tapduklu Yunus **'Aşk Medresesi'** der bu hâle. O, ilmi, aşkın okulunda okumuştur. İnsan-ı Kâmil mertebesini müşahede ederek, ilmine vararak yapmıştır. Çünkü Hakk, Âdem'e secde emrini vermiştir, **'bana secde edin'** dememiştir. İnsan-ı Kâmil içindeki gizli hazineye tabi olun demiştir. Her insan kendi içindeki Âdem mertebesine ulaşacak ve oradaki Hakk'ı nazar edecek ve ona tabi olacaktır.

Seyir, gizlideki Âdem mertebesinden görünendeki insana, insandan yine Âdem mertebesine yolculuktur. Gönül terbiyesinden geçmeyen insan, İnsan-ı kâmil olamaz, gizli hazineye erişemez. Gönül terbiyesi zor bir yoldur. Öyle hemen oldu-bittiye gelmez. Eğitimine herkes tabi olamaz. Nefsi tanımak ve bilmek zor bir meseledir. Nefsin her dediğini yapmayacaksın, bedeni yoracaksın. Dil her aklına geleni söyleyemez. Söylediği kelimeler de çok önemlidir. Çok dikkat gerektirir. Her söylediğine, her yediğine, her yaptığına pür dikkat kesilip öyle yaşayacaksın. Birini kaçırdın mı başa dönmen, tüm aşamaları yeniden geçmen de icap eder. Ama insan düşe-kalka yürür bu yolda. Her seferinde 'tamam oldum' dediği anda, birden geriye sıçrar ve kendini geldiği noktada bulur. Ya da öyle hamleler yapar ki, birden merhaleleri atlayabilir, ulaşacağı seviyeye gidebilir, bunun sarhoşluğunda kaybolursa yeniden başa döner ve yolu tekrar yürümesi icap edebilir. İnatlaşmaya girerse, *'hadi ne olacak ki desek, ne var ki yesek, bir kereden bir şey olmaz ki'* gibi bahaneler, *'yeter usandım, bunu atlayayım, sıkıldım'* gibi şikâyetler gönül terbiyesinde insanı geriletir daha çok şuursuzluğa sebep olur. *'Başıma falan şey geldi, bu benim ihtiyacım, imtihanım'* derse onu rahatlıkla müşahede edebilir. Kendini suçlar, kuşku duyarsa, *'neden başıma geliyor, neden ben?'* derse, devamını ve benzerlerini de dilemiş olur. Boş yere kendini de yorabilir; *şöyle bir harekette bulundum şimdi cezasını çekeceğim artık'* derse, boş yere imtihanları da kendine çekmiş olacaktır.

Gönül terbiyesinde serzenişe, şikâyete, bahane ve uydurmaya asla ve kat'iyen yer yoktur. Çünkü insan kendi âleminin derinliklerine ulaştıkça, yaratılmışlığın âlemi ile temasa geçer. Kendi âlemin derinlerine ne kadar terbiyeli ve yüklerden kurtularak, zıtlıklardan a'zat olunarak varılırsa, tüm âlemlerle temas da o kadar güçlü olur ve o güç kudret ile gizli hazine müşahede edilebilir ve sırra ulaşılır.

Çıktım Erik Dalına

Tapduklu Yunus'un bir şiiri var ki, üzerinde en çok yorumlanan, en çok şerhi yapılan şiiri olmuştur. Ben de, madem Yunus manâsını anlatan bir kitap yazıyorum, bu şiiri naçizane yorumlamak ve ne anladığımı size aktarmayı uygun gördüm. Türkçesi **'İbn-i Arabi, Arif için Din Yoktur'** ve İngilizce çevrisi ile tüm dünyada yayınlanan **"İbn 'Arabi, The Enlightened are not bound by religion'** kitaplarımda bu şiirden kısaca bir pasaj açıklama yapmıştım. Oradan da alıntı yaparak ve tabi daha genişleterek aktarmak istedim. Şiirin tamamını alıntı yapmadım. Bâtıni tarafını yorumlayabilmek için, şiirden parçalar alarak devam edeceğim. Tapduklu Yunus, Türkçeyi dâhiyane bir şekilde çok iyi kullanmıştır. Seyrinde hissettiği her anı, basit dil ile aktardığı için, ne anlatmak istediğini anlamak ve yorumlamak oldukça zordur aslında. Zihnimiz, karmaşık olana meyilli olduğundan, basit olanı anlamakta zorluk çeker. Fakat bu bahis ettiğim şiir inanılmaz bir yapıya sahip. Çok basit bir dil ile tasarlanmış ve Tapduklu Yunus tarafından dile getirilmiş. Tapduklu Yunus, şiirinde günlük konuşmalarda rastlayacağımız türden kelimelere yer vermiş fakat her bir kelimeye bir bâtıni anlam yüklenmiş. Şimdi yorumlamaya başlayabiliriz:

Erik, üzüm, koz, kerpiç, bez gibi manâlar aslında her zaman gördüğümüz, yabancısı olmadığımız isimlerdir. Tapduklu Yunus, bu adları kullanırken, neye karşılık geldiğini belirtmediği, şiir olarak aktardığı için ancak bildiklerimiz ile yorumlayabildik, oysa eminim, kendisi bunu çok başka ifadeler ile kullanmak istedi. Belki sadece bir şiir olarak kalmasını istemiş de olabilir. Birçok Âlim tarafından yapılan şerh ve yorumları özellikle okumadım etkilenmemek için. Ruhumda aksedenler ile yetinmeyi ve aktarmayı uygun gördüm. Şiiri, Mustafa Tatçı'nın 'Yunus Emre Divanı'ndan alıntı yaparak aktardım, altına da naçizane kendi yorumlarımı yazdım. Güzel bir yolculuğa çıkmaya ne dersiniz?

> Çıkdum erik talına anda yidüm üzümi Bostan ıssı kakıyup dir ne yirsün kozumı / *Yunus Emre Divanı / Mustafa Tatçı*

İnsan neden erik dalına çıkar ve orada üzüm yer? Bir kere fiziken, erik dalına çıkmak oldukça zordur hatta imkânsızdır. Erik dalına çıkılıyor, erik ağacına değil. Bu önemli bir ayrıntı aslında!

Erik dalı kırılgandır, incedir ve bir insanı taşıyamayacak güçtedir. Erik kolay yenilen bir meyvedir, koparıldıktan sonra rahatça yenebilir. Ancak erik toplamak için, erik dalına çıkmaya gerek yoktur, uzanıp da erik koparılabilir hatta ağaç ince yapılı olduğu için sallanır, düşen erikler yerden toplanabilir. Tapduklu Yunus, bunu dile getirmiyor. Yani uzanıp koparmak ya da ağacı sallayıp yere dökülenleri almak istemiyor. O kırılgan ve kendisini taşıyamayacak güçte olan eriğin dalına çıkmayı uygun görüyor. Erik dalına çıkması için tüy kadar hafif olması gerek. Çıkmasına da gerek yok, uzansa koparacak, dalları sallasa meyveler dökülecek. İmkânsız olanın üzerine gidiyor ve *erik dalına çıktım* diyor.

Orada erik değil, üzüm yiyor. Üzüm daha kolay ulaşılacak bir meyvedir. Boy hizasında olan bodur bir bağda yetişiyor. Tapduklu Yunus, bir imkânsızı daha ortaya koyarak bizi şaşırtıyor aslında, erik dalına çıkarak *An'da yiyor üzümü.* An bir Kutb'dur. Merkezdir. Tüm zamanların bir arada olduğu, zamansızlığın oluşumu An'dır. Orada yedim üzümü demiyor, An'da yedim üzümü diyor. Mücadele ve çaba sonucu imkânsızı başaran, kimsenin denemediği yolu deneyen Tapduklu Yunus kendisine sunulan ekşi eriğe razı geliyor, tüm zıtlıklardan arınmış tüy kadar hafif iken, An zamansızlığında tatlı üzümü yiyor. Yemek manâsı, ruhunun doyması olarak anlamalıyız. Yoksa bedeni zaten hafiflemiş. Bedende yani nefsinde ağır olan zaten erik dalına çıkamaz. Ne vakit nefsi bilir ve siler, o vakit bedende hafifler. **Erik dalına çıktım** derken, artık **nefsimi sildim**, hafifim ve zorluğun üstesinden geldim demektedir. Ödül olarak da üzümü yer.

Üzüm ve erik meyveleri, oluşumlarında ekşi daha sonra olgunlaşarak tatlılaşan iki meyvedir. Fakat erik, dalında tane meyvedir, üzüm ise bir arada tanelerin meyvesidir. Tapduklu Yunus, zor yola girdiğinde erik gibi tane iken, birden tanelerin arasına karışmıştır. Tek başına iken yolda erik misali, erenlerden olmuştur üzüm misali. Ancak erenlerden derken, hepsi aynı salkımın üzerindedir yani bir aradadırlar.

Şiirin devamında, bostan sahibi kızarak gelir ve *'ne yersin kozumu'* diye çıkışır. Mal sahibi olan bostan sahibi dünyalık peşindedir. Hesap sorar ama *niye eriğimi ya da üzümümü yedin* demez, *'cevizimi'* niye yersin diye kızar. Koz, Anadolu'da ceviz anlamında kullanılır.

O esnada, mal sahibinin, erik dalına çıkıp da üzüm yiyen bir kişiye, neden ceviz yediğini sorması oldukça ilginç bir yaklaşımdır. Dünyalık tarafından bakıldığında, ceviz meyvesi, erik ve üzüm meyvesinden biraz daha pahalı olduğundan daha değerlidir. Bâtıni bir söz vardır, *'Allah diş verir koz vermez, koz verir diş vermez'*. Erik ve üzüm dişsiz de yenebilen bir meyvedir. Oysa cevizi dişi ile yemelidir insan. Tapduklu Yunus'un dişi yoktur ki cevizi yesin, o eriğe uzanmış, üzümü yemiştir. Fakat cümle âlem onun ceviz yediğini düşünür. Dışardan bakıldığında, Tapduk Yunus, Tapduk Emre'nin gözdesi, Dervişlerin ulusu, kıskanılan biridir. Her ne yaparsa yapsın, göze batar. Tapduklu Yunus şiirinde bunu 'ceviz' yemek ile eş değer tutar. Oysa Tapduklu Yunus, daha bâtıni manâda üzüm yemektedir, yani erenler âlemine karışmış, Hakk manisini saçmakta, Hakk'ın rahmetini mayalamaktadır.

Bu şiirde **abartı** söz konusudur. Zaten şiirin genelinde abartı, kinaye ve normalüstü bir anlatım vardır. Şiirde benim için en önemli ve bâtıni tarafını yakaladığım bir bölümü var:

> İplik virdüm Çulhaya sarup yumak itmemiş Becid becid ısmarlar
> gelsün alsun bezini */ Yunus Emre Divanı / Mustafa Tatçı*

İplik, birey oluşumdur, **bez** ise dokunmuş kumaş. Daha önceki bölümlerde 'bez'in bâtıni tarafını yeterince anlatmıştım. Tapduklu Yunus şiirinde, ipliğin sarılması ve yumak hâline getirmesini istemiştir. Fakat terzi bu dileğini yerine getirmemiştir. Çulha dediği terzidir. Terzinin bâtıni karşılığı Hz. İdris'tir. Çünkü terzilerin şahı, sultanıdır İdris Nebîsi. Kur'an-ı Kerim'de ismi zikr edilen, **'mekânen Alliya'**ya yani yüceler yücesi mekâna yükseltilmiş bir Nebîdir. Tapduklu Yunus, başka bir şiirinde İdris olduğundan bahseder: *'Ben oldum İdrisi derzi'*. İnançlarda, İdris insanlığa dikiş dikmeyi öğretmiş kişidir. Çünkü insanlar üryandır doğduklarında, dünyanın fiziksel etkilerinden korunmak maksadı ile giyinmek zorundadırlar. İdris hem fiziki manâda terzidir, hem bâtıni manâda terzidir. Tüm yaşanan hâller, birer kıyafettir. İnsan hâl yaşadıkça o hâli kendine mâl eder işte bu kıyafettir yani eski dilde libas ya da urba denir. Hâl libasın da şahı, terzisi İdris olarak anılır.

Tapduklu Yunus, bir ipliktir yolun başında, tek başınalığın, yalnızlığın ifadesidir bu. Sarılıp yumak olmak diler çünkü başına neler geleceğini ya da ne olacağının farkında değildir, çünkü Tapduklu Yunus herhangi bir 'şey' olmak için yola girmemiştir. Bir şey dilememiştir sadece *'bana seni gerek seni'* demiştir, gayrı da söz etmemiştir.

Şiirin bu bölümdeki yorumu şöyledir: 'Bir ipliktim, yumak olmak isteyen, bilinmezlere karışmak dileyen, Terzi der ki o iplikten bez ettim gel de al kendini'.

Tapduklu Yunus, kendini bilmeyen, uyuyan biri iken, mecazen bir iplik iken, nefsini bilen bir yumak olmayı dilemektedir. Şiirde, **Becid becid** diye bahsettiği ısrarla anlamındadır. Neden ısrar ediliyor üst üste? Çünkü: Aydınlanma yolunda olan bir Dervişin gelişimine yardım etmek maksadı ile. Madde âleminde kendini bulmaya çalışan bir insana sürekli tekrarlar yapılır ki aydınlanışı çabuklaşsın. Yumak olmayı dileyen Tapduklu Yunus, lâkin Terzilerin Şahı onu kâinatın Âdem levhâsında dokunan bir ayeti etmiştir. Artık yaşamın bir parçasıdır Tapduklu Yunus, her nefesinde bile ilahî yaşam bezinin, bir parçası olmuştur, hem dokuyan hem dokunan.

> Gözsüze fısıldadum sagır sözüm işitmiş Dilsüz çagırup söyler dilümdeki sözümi / *Yunus Emre Divanı* / *Mustafa Tatçı*

Tapduklu Yunus'un, fizik kurallarını hiçe sayan bu şiiri, yine bilinmezlerle dolu bir parça ile karşımıza geldi. Gözsüze yani bir köre fısıldıyor, fakat sağır sözü işitiyor. Burada ince bir ayrıntı vardır, köre, görmeyene, engelliye ya da âmâya fısıldamıyor, gözsüze fısıldıyor Yunus. Gözü var, görüyor fakat bunu yeterli kullanmayan biri için kullanıyor, 'gözsüz' tanımını. Dikkati o kadar dağınık ki gözsüz kişinin, ona fısıltılarını sağır bile işitiyor, gözsüz işitmiyor. Dilsiz bile dile geliyor, Yunus'un dilindekileri söyler hâle geliyor. Fakat gözsüz için bunun hiç önemi yok.

Tapduklu Yunus, görme, duyma ve konuşma duyularını çok ince kullanmış. Sağır işitebilir, dilsiz söze gelip konuşabilir, ama gözsüz bunların hiç birini ne işitir ne görebilir. Kör olan her iki cihanda da kördür. Hem bu âlemde, hem ahiretinde. Hatta kâinatın herhangi bir boyutunda da olsa, yeryüzünde gözsüz ise, ne duyar, ne söze gelebilir. Tapduklu Yunus, gözsüz olmanın elzeminden, kahrından bahsetmek istemiş. Sağırlar işitebilir, dilsizler söze gelir, lâkin gözsüz olan, görünen eşyanın esmasına ve daha da derinine inip ne manâya geldiğini idrak edemez ise daima gözsüz olarak kalacak, ne görecek ne işitecek, ne de söze gelebilecektir. Tapduklu Yunus, duyular arasında en mühim olanın görme olduğunu vurgulamıştır. Çünkü 'göz', hakikatin, dünyaya açılan penceresidir. Göz görüneni idrak edemiyorsa, gözsüzdür, duyamaz ve söze gelmez.

> Yunus bir söz söylemiş hiçbir söze benzemez. Münafıklar elinden örter ma'ni yüzini. / *Yunus Emre Divanı* / *Mustafa Tatçı*

Tapduklu Yunus, şiirinin en sonunda, bu zor ve bâtıni manâsı derin olan şiirinin manâ yüzünü örttüğünü belirtmiştir. Şiirinin ne manâya geldiğini anlayanların da ancak bu örtüyü kaldırabilecek idraktekilerin olduğunu vurgulamıştır. Sözlerinin benzersiz olduğunu ifade ederek, Hakk'tan aldığı vahyi-ilhamları, Halka ilettiğini de gizli bir sır gibi belirtmeye çalışmıştır. Zira, benzersiz söz ancak Hakk'a aittir.

TAPDUKLU YUNUS ŞİİRLERİNDE BATINÎ KAVRAMLAR

Tanış olalım

Gelün tanşuk idelüm işi kolay tutalım Sevelüm sevilelüm dünya kimseye kalmaz / *Yunus Emre Divanı* / *Mustafa Tatçı*

Hakikatte hiç baktık mı bir çocuğun gözlerine? O derinliği hissettik mi? Neyi gördük veya neyi özümsedik onun o muhteşem renk armonisi gözlerinin derinliklerinde? Bazen çok şeyi kaçırıyoruz. Taş binaların içine hapsolmuşuz âdeta. Ruhlarımızın, et ve kemik bedenlerin içine hapsolduğu gibi. Oysa yaşam dağlarda, ovalarda, yaylalarda, bir kuşun uçmasında, kanadını nasıl çırptığında, bir mağaranın karanlığında, bir ağacın gölgesinde, bir taşın altında çoğu kez. Ama kaçırıyoruz hayatı. Yaşamı, zoraki mutlulukların gölgesinde zannediyoruz. Bardakların içinde arıyoruz, birkaç ekran büyüklüğünde renkleri başımızı döndürdüğünü zannettiğimiz kutularda, yalan dolan kelimelerin hoşluğunda, mum ışığı ile aydınlanan sofralarda. Hakikaten bunlar mıdır huzur? Bunları özümseyebiliyor, ruhumuza alabiliyor muyuz?

Tapduklu Yunus, '*gelin tanış olalım*' der. Herkes birbiri ile tanışsın, barışsın demek ister. Dünya kimseye kalmayacaktır, nedir bu elde etme isteği, nedir bu nefsin körlüğü, nedir bu doymak bilmez kibir?

Bir çocuk gördüm, savaşın tam ortasında, çocukça bir mutluluk ve huzur vardı, ancak bedeni korkuyordu. Gözleri el fenerinden bile daha parlak, masmavi. Etrafın acımasızlığı onu çevrelediği, masum ve o muhteşem gözleri ile bana baktı. Artık o sadece benim zihnimin kayıtlarında dolaşıyor. Onu asla unutamayacak olduğumu biliyorum. Çünkü yaşamı, korkuyu, sevinci ve ölümü onun o gözlerindeki derin maviliğinde özümsedim. Hiçbir zerrede göremeyecek olduğum kadar yakîn bir hâl ile. Onun küçük elinden tutup kendime çekmek için, sahip olduğum ve hiç sahip olmadığım her şeyi terk etme hâlini yaşadım bir an olsun. Bu iki hâli aynı anda yaşamak, beni benden alan bir hâldi. Ve gönlümden geçenler dünyayı bile yakardı. Dünyayı bir 'savaşın ve ölümün' dünyası olarak baştan çizilmiş bir kaderin içine zerk etmişler. Gönül nasıl kabul etsin ki!

Ben gelmedüm daviyiçün benüm işüm seviyiçün Benüm bunda kararum yok ben bunda gitmege geldüm Dostun evi gönüllerdür gönüller yapmaga geldüm / *Yunus Emre Divanı* / *Mustafa Tatçı*

Eğer hazımsızsan, bilgileri kitapları da yutsan, tüm gün tekkelerde türbelerde yatsan, dua etsen bir işe yaramaz. Aldığın bilgiyi hazmetmedikçe, yaşamda her şeyi hazmetmedikçe her türlü fenalık peşini bırakmaz. Yaptığın hiçbir şey seni bir adım ileri götürmez. Sadece hayâl peşinde koşturur, zihin içinde gölgeler ile avunmanı sağlar. Oysa yaşam tam karşımızda, hiç olmayacak kadar basitlikte. Ama zihnimiz bize oyunlar oynar, yaşamı farklı gösterir, zorlaştırır. Her şey basitliktedir, yanı başımızda, tam karşımızdadır.

Üstünlüğü sahip olduğumuz maddi değerler ile ölçeriz. Oysaki üstünlük Edeb'tedir. Edeb'in Edeb'e üstünlüğü olur.

Etin, kemiğin üstünlüğü yoktur. Madde ve eşyaya sahip olmanın da üstünlüğü yoktur. Üstünlüğün, görünen güç ve maddeden ibaret olduğunu zannetmek sevdasına düşenlerin dünyası olmuştur bu dünya.

Tapduklu Yunus, '*gönüller yapmaya geldim*' der. Biz de o yapılmış gönülleri bulmaya geldik. 'Benim burada kararım yok, dünyada kalmaya değil, buradan geçip gitmeye geldim.' Dost evidir gönül, Hakk nazargâhıdır, işte o gönüllere girmeye gelmiştir. Anadolu'nun en yakıcı, en yıkıcı, en zor zamanlarında yürümüştür Tapduklu Yunus, dağ taş demeden. Her gittiği yere sevgiyi götürmüştür, çünkü onun işi savaş değil, barıştır. Onun işi dava değil, sevgidir. Gönlündeki Hakk ateşini her yere düşürmüştür. Herkes topuyla tüfeği ile cenk ederken, o gönlündeki Narı saçmıştır, herkes görüneni yakıp yıkarken, o gönlünün ateşini düşürmüş manâda yakmış yıkmıştır her şeyi.

Herkes savaşın ortasında birbirini öldürürken, Tapduklu Yunus gönlündeki Ab-ı Hayy suyu ile sulamıştır, yeni nesillerin barışık ve tanış olabilmeleri için. Saçmıştır Baba Tapduk manisini her bir yere. Tanış olmanın derinliğine inmiş, bunun daha kolay olduğunu savunmuştur Tapduklu Yunus.

İnsan neden kolayı bırakıp zor ile uğraşır ki? Neden barış olmak varken savaş hâlindedir? Oysa savaş sadece nefs ile emr olunduğu halde. Hem İslâm kelimesi 'selâm' değil miydi? Hani Göklerin her katmanında, Rab katında ve Hakk gönlünde sadece 'selâm'a yer verilmemiş miydi? Dünyada bir avuç toprak için neydi bu kadar kıyım? Kolayına kaçıp barış olmak, tanış olmak varken, nedendi bu kadar eziyet, bu kadar katliam?

Tapduklu Yunus *'yana yana yürüdü'* ve her yeri kana buladı. Çünkü o yürürken tüm dünyanın derdini yükünü de alıp götürüyordu. Bir insandı nihayetinde, görünende yürüyen bir Derviş idi elinde asası ile. Oysa manâ âleminde kimse bilmiyordu asıl cengin, savaşın olduğunu. O kötüleri yakıyor, iyileri saçıyordu. İşi zordu batınında, gizlisinde. Lâkin işi kolaydı görüneninde. Bir gülümseme, bir selâm dünyayı bile satın aldırıyordu. Tüm gönüllere taht kurdu Tapduklu Yunus. Anadolu'da sevmeyeni hiç yoktu neredeyse. Çocuktan ihtiyara, cenk eden caniden, baştaki ağalara kadar, herkes adını anıyor ve biliyordu. Bu kadar sevilmesinin tek nedeni, Tapduklu Yunus'un kendini şekil ve cismanî âlemde var etmeyişidir. Tapduklu Yunus'un varlık alanı 'Gönül Âlemi'dir.

Tapduklu Yunus, edebiyatımızda ve ebedî hayatımızda yeri doldurulamaz biridir. Onun basit dil ile anlattığını, manâ âleminin derinliklerini, o basit ifadeli aktarmasını, anlamamız çok zordur. Sırlarla doludur her bir sözü. Tapduklu Yunus asla bir menzil tayin etmemiştir kendisine. Her ulaştığı menzilde kısa kalmış, daha ileri gitmek için yanıp tutuşmuştur âdeta. Gönüller yapmaya gelmiş, tanış olmuş, barış olmuştur. Aşka ulaşmak için kanatlarını seferber etmiş, Aşka varınca da kanadı terk etmiştir. Uzak daha uzak diyarlara, Hakk'ın menzilinden de ötelere yol almıştır. Sırları bir bir açmış, aşikâr eylemiştir. Basit dil ile aktarmış, anlayan beri gelsin demiştir. *Bizi o hâl içinde anlayan anlar, bilmeyen ne bilsin k*i diye de gönülden söylenmiştir. Daima yeri göğü arşınlamış, daha ötelere doğru kanatsız uçmuş bir gönül erbabıdır. Bunu yaparken de her hamlesini, her hâlini basitlikle aktarmıştır. Nasıl yapılacağını da göstermiştir. Tapduklu Yunus'a ve Yunus gönüllülere selâm olsun diyelim.

Donbadon

Herkes örtülüdür bu dünyada. Çünkü bedene bürünmeden görünür olamaz. Görünmek için örtülü olmak gerekir. Tepeden tırnağa kadar hepimiz örtülüyüz. O kadar ki 'hakikat tırnağımızın ucu dahi görünmüyor'.

Bürünmek olmasa idi, görünür olamazdık bu âleme. Yoksa nasıl birbirimize şahitlik edebilirdik. İç organlarımız et ve kaslarla, iliğimiz kemik ile, etimiz deri ile örtülüdür. Hatta dokuz ay boyunca bebeğimiz karnımızda örtülüdür. Tohum toprağın içinde büyümek için örtünür. Örtünmeler ve bürünmeler âlemidir bu dünya.

Tapduklu Yunus da *'et ü deri büründüm, geldim size öyle göründüm'* der şiirinde. Bürünmese, örtünmese, onu Yunus olarak nasıl bilebilir ve görebilirdik? Örtünmeden görünmek ne mümkündür? Tapduklu Yunus **'don** ya da **ton'** olarak ifade etmiştir bunu. Öyle apaçıktır ki Yunus, o yüzden anlamakta zorlanırız onu.

Kur'an-ı Kerim Müdessir Suresi 1. ayeti de insana seslenir *'Ey Bürünmüş olan!'*.

Yaradanın, et ve kemik ile örterek görünür kıldığı insan, bürünmüş olandır. Elbisesini temiz tutmalıdır ki Rabbini Yüceltebilsin. Daha önceki bölümlerde bahsettiğimiz gibi Rabbimiz Yücelecek ki, bizi yüceltsin. Peki örtünen bürünen nedir? Görünmeyeninde Rab olarak gaybîdir, görünende kul olarak bürünen değil midir? Vahdet-i Vücud'un en derin bâtını sırlarından biridir bu. Örtünen ve bürünen insandır, gaybda örtünmeye gerek yoktur.

Hakikat ırmağında herkes üryandır, aşikâr olmak için örtünür ve bürünür. Düşünce ile örtünür, akıl ile örtünür, nefs ile örtünür, ruh ile örtünür, et ve kemik ile örtünür. Üryan olan Hakikat, görünür olmak için örtünür de örtünür. Kat kat örtünür ki daha iyi görünebilsin.

> Hakikat donın geyen agır hil'at içinde Uş dikdiler kefen tonum /
> Yunus Emre Divanı / *Mustafa Tatçı*

Tapduklu Yunus, bedeninde ölerek ölümsüzlüğe karışandır. Çünkü o örtündüğü tüm sıfatlardan, manâ itibarıyla bir bir soyunmuş, bedenin içinde Hakikatine üryan olmuştur. Böylelikle de dilediği **dona** bürünerek görünür olacaktır, ya da **dona** bürünmüşlerin hakikati olacaktır. Hakikat donu ile bürünenlerin sırrı olduğunu açıklar şiirlerinde. Çünkü her **Nebî donu** ile gelen hakikat ehlileri ile aşikâr olmuştur.

> Muhammed ile bile Mi'râc'a çıkan benem Mûsâ Peygamber ile
> bin bir kelime kıldum İsâ Peygamber ile göklere çıkan benem
> İbrâhîm Edhem vaktı terk itdi tâc u tahtı Hallâcı Mansûr'ıla dâra
> asılan benem / *Yunus Emre Divanı / Mustafa Tatçı*

Ölümsüzlerden bir ölümsüz olan Tapduklu Yunus, her hakikat ehlinin **donu** ile aşikâr olduğunu belirttiği gibi, aynı zamanda, dilediği **dona** bürünerek görünür olduğunu da şiir lerinde ayrıyeten belirtmiştir.

> Dünyâya çok gelüp gitdüm erenler etegin tutdum Kudret üni-
> ni işitdüm kaynayuban cûşa geldüm Sırrumı 'âleme çakdum bu
> halka temâşâ geldüm Mûsâ oldum Tûr'a vardum koç olup kurbâ-
> na geldüm Âli olup kılıç saldum meydâna güreşe geldüm Yûnus
> Emre dilinde Hak olup dile düşe geldüm / *Yunus Emre Divanı* /
> *Mustafa Tatçı*

Don değiştirme ya da **donbadon** da deniliyor bu hâl bürünmelerine. Her hâlini mâl eden Tapduklu Yunus, kendi hakikatinde üryan, dünyada örtünendir. Her hakikat avcısı ile de avlanan, avlayandır. Her hakikat oku ile savrulan, oku geren, oku fırlatan, okun ucunda menzile kenetlenen hatta çakılandır. Tapduklu Yunus, sırlarını apaçık ifşa etmiş, sırrını bu âleme çakmış, temaşâya gelmiştir, hem de çok kereler. Bu durumu kesinlikle 'tekrardoğuş' ile karıştırmamak gerekir.

Ruh göçü ya da ruhun bedenden bedene seyri değildir.

Don değiştirme ya da '**donbadon**' tamamen apaçık bir şuurun, ölümsüzlüğe ermiş bir eriyenin dilediği sıfata, şekle bürünmesi ya da dilediği şekil ve sıfatla özdeşleşmesidir. Dilediğinde Rab plânında, dilediğinde kul sıfatında. Bu tamamen Tapduklu Yunus gibi erenlerin, Hakikatinde eriyenlerin, ölümsüzlerin yaşayacağı bir hâldir. Çok yüksek bir şuurun, çoklu zekânın ve zihin üstü zihnin, kader üstü kaderî plânların düzenidir. Kendi kaderini plânlayan, ilahî özgür iradesini kullanan, arşın ötesine geçebilen bir şuur ile hareket eden bir ruhun seyridir. Çünkü hiçbir boyutun, âlemin, dünyanın kaderine boyun eğmez, o tüm kaderî plânların üzerinde bir kader ile hareket eder. İşte buna 'donbadon' denir. Yani bir dona bürünmek, tene girmektir.

Kendini bilmesi için insanın, önce örtülü ve bürünen bir varlık olduğunu kabul etmesi gerekir.

Dünyaya çıplak gelmiyoruz, bilâkis örtünerek geliyoruz. Kendini bilme yolunda ise, o örtüleri bir bir fark ederek manâ âleminde üryan oluyoruz. Üryan olan ancak ölümsüzlüğe erişir. Ölmeden ölmenin manâsına ermek için, önce örtülü olduğunu bilecek ve manâ itibarıyla örtülerinden bir bir soyunacaksın. En son soyacak bir şey kalmadığında, seni kendine gösterecek olan nedir? Ölümsüz olmak mı peşindesin? Öyleyse seni bundan alıkoyan nedir? Nedir bu kadar korku ve endişe? Konuşmak iyi de, icraata gelince neden kitlenir insan? Tüm sorular madde âlemindedir. Çünkü kendini göreceğin hiçbir yansıma yoktur. Her yansıma zannettiğin gölgedir ve zahiridir, gerçek değildir.

Hakikatinde iken, bedene nazar eylediğinde kendi yapabileceğin her ne varsa bilebilirsin. Çünkü hakikatin, bedene bürünmesi, neler yapabileceğinin imtihanı içindir. Peki bedende iken hakikatini sana ne gösterecek, yalan yansımalar dolu bu âlemde? Her yansıman gerçek değilse, gerçek nerede?

Kimi ince bir gömlek giyer, kimi kalın kaftanlar ile dolanır. Herkesin giysisi türlü türlüdür. Ne kadar dünya insanı isen, giysi içinde o kadar ağırsın. Ne kadar kendini bilme yoluna girersen o kadar incelir giysin. Ne kadar soru varsa, o kadar arayış içindedir insan. Arayan bulandan daha kıymetlidir. Çünkü çaba en kıymetli kanattır. Çaba kanadını terk eden, kendi hakikati olan menzile ulaşmıştır. Orada çok kalmamalıdır. Tapduklu Yunus, daima 'çok kereler geldim bu âleme' demesi bundandır. Tapduklu Yunus menzile ulaştığında, çok vakit kaybetmeden yoluna devam etmiştir.

Daima ileri bakarak ilerler ise insan, yaptıklarını hatırlamaz ve teşevvüşe yani şaşkınlığa düşer. Daima geriye dönük yaşarsa da, kayıtlarından beslenir yani yeniye açık olamaz ilerleyemez. Daima yere bakarak yürürse önüne çıkan engellere toslar düşe kalka ilerler. Daima göğe bakarak da yürürse önündeki çukurları göremez, nefsinin tuzaklarına aldanır heba olur. İnsan hem geri, hem ileri, hem göğe hem yere bakarak ilerlemelidir hayatında. Bunu da ancak ve ancak açık şuur ile, uyanık bir hâl ile yapabilir.

Açık şuur ile kendi yaşam plânını tayin eden, oluşturan insan, dünyaya doğmak için ete kemiğe bürünür, örtünür ve her şeyi unutur. Tanrı'nın ödül ve ceza kaderine tabi olduğunu zanneder. Oysa insan, hiçbir zaman bir kukla değildir, yerden bitme bir ot da değildir. Apaçık şuurlu, kendi ilahî iradesine sahip, ilahî bir ruh ile seyreden kendi plânına dâhil olan bir varlıktır. İlerleyişinde, daima çok yönlü bir bakış açısı ile hareket etmesi makbûl olandır. Unutmak ise tek yönlü bir bakış açısını ifade eder. 'Unutan' olduğumuzu daima hatırlayarak, hayat seyrimizde ilerleyebiliriz. Ve ancak da, çoklu zekâya, dünyasal zihnin dışına çıkarak bir zihin üstü düşünce yapısına böyle sahip olabiliriz. Bu çabalarımız birer kanattır. Ne kadar çaba içinde kalırsak da, liyâkate sahip oluruz. Liyâkat de bizi daima Hakk çemberinin, varlıksal alanı içinde tutacaktır. Hakk bizden uyanık olmamızı diliyor. Çünkü dünyaya örtünerek geliş amacımız budur. Hakikatinde herkes mükemmel ve sonsuz bir yaratılışa sahip. Mühim olan, örtündüğün bedende ve tutsağı olduğun dünyanın eşyasında ne kadar şuurlusun? Hakikatindeki yansımaların ne kadarını görebiliyor, işitebiliyor da bedenine aktarabiliyorsun? Bedende ölmenin gayesi budur. İnsan bedeninde ölmeden, eşyanın hakikatine varmadan, ölümsüzlüğe kavuşamaz. Seyrinin duraklarında şuuru açılamaz.

TAPDUKLU YUNUS ŞİİRLERİNDE BATINÎ KAVRAMLAR

İnsanın hakikati, kendi ilahî plânından geleni, bedende ne kadar hâl olarak yaşadığıdır. Tapduklu Yunus bu duruma **'dem'** demiştir. Ve insan, bu hâllerin tümünü ne kadar kendine mâl edebilir? Tapduklu Yunus buna **'dem bu dem'** demiştir. Ne kadar alışveriştesin? Alışverişte olduğun kaynak nedir? Kendi ilahî öz cevherin mi, yoksa nefsin, aklın yönlendirmesiyle mi hareket edersin? Bunun tahlillerini ancak insan, geriye, ileri, göğe ve yere bakarak tayin edebilir. En basit dille, 'ne geliyor, ne hissediyorsun, nasıl aktarıyorsun?' İşte insanın örtünerek geldiği bu dünyada yaşam amacı ve gayesi budur.

Tapduklu Yunus, yaşamı ve yaşayışı ile, bize **'dem'** hâlinin de bir kanat olduğunu, vakti zamanı gelince bu hâlin de terk edilmesi gerektiğini, insanı derin uykuya sevk ettiğini de aktarmıştır. Çünkü 'bilmek' yetmiyor, 'liyâkate ermek' yetmiyor. O hâli yaşamak, hazmetmek ve taşıyabilmek de çok önemli. Bu yüzden sadece **'dem'** değil, **'dem be dem'** hâlinin daima şuurunda ve farkında olunması gerekiyor. Tapduklu Yunus, **'yana yana yürü'**menin manâsı ile bu sırrı bize ifşa etmiştir. Yürümektir gaye, varmak değil, erimektir gaye ermek değil. Ulaşılan her hâlin bir liyâkati vardır. Liyâkat sonsuzdur. Bir hâle ulaşıp orada takılı kalmak varlığın öz cevherine yakışmaz. Her hakediş sonsuzdur, her ulaşılan idrakin hazmedilmesi, 'mâl' edilmesi gerekir. İşte bu çabalar daima sonsuzdur. Çünkü insan sonsuz bir varlıktır.

Her hâlini 'mâl' edişi de, insanın sonsuz seyrinde onu ileri merhalelere iten 'yakıtı'dır. Çünkü Tapduklu Yunus, düzgün odunları getirip, Hakk nazarı olan şeyhinin dergâhında bir bir yakışı budur. Tüm yaşamı neredeyse 'yakıt' içindir. Tapduklu Yunus, 'gönüller' yapmaya geldim dediği aslında 'benim işim insanla değil, onun gönlü ile' sırrıdır.

AŞKA VARDIKTAN SONRA KANADI KİM ARAR

Gece ayazinda idim, hakikat ırmağında üryan iken, aydınlığa kavuştum örtündüm büründüm, görünür oldum. / *Yunusca*

Tapduklu Yunus'un Dine Bakışı

İnsanlık, tarih sahnesinde göründüğü andan itibaren, insan ile din paralel yürümüştür. Her devrin peygamberi yani uyarıcısı, insanları doğru, dosdoğru yola iletmek amacı ile gelmiştir. Nebîler, uyarıcıdırlar, kendilerine vahyolan kutsal kitaplar da yol gösterici.

> Bu Nebî, önceki uyarıcılar gibi uyarıcıdır (nezirun) *(Kur'an-ı Kerim, Necm Suresi, 56. Ayet)*

Hem Nebîlerin, hem kutsal kitapların, çok açık, net, anlaşılır cümleleri, ayetleri vardı. Lâkin yine de çok çevrelerce anlaşılamadı, anlamını yitirmeye başladı. Kimi ayetler Tapduklu Yunus'un şiirinde bahsettiği gibi erik misaliydi. Eriğe tam uzandığınızda üzüm yediniz. Kimi ayetler de koz misaliydi. Yeşil kabuğu soymak, kabuğu kırmak ve içindeki cevizi yemek icap ediyordu. Ancak günümüze kadar olan insanlık seyrinde, kozun yeşil kabuğunu soyanları şehit ettiler. Çünkü onlar kabuğu kırıp içindeki cevizden haber vermişlerdi. Tapduklu Yunus da onlardan biriydi ancak korundu, kendini sakladı, söyledikleri kendi zamanında yasaklansa dahi o yılmadı, azmetti. Bostan sahibi olan zamanın zenginleri *'ne yersin kozumu'* deseler de o susmadı ve kendi zamanında iken, Hakk sırlarını ifşa etti, Tapduk manisini saçtı, Rahmeti ekti, toprağı mayaladı, günümüze kadar ulaştı. Hem de muhteşem bir Türkçe ile, basit bir dil ile ve herkesin anlayacağı türden manâlar ile. Onun yazdıklarında üstü örtülü hiçbir şey yoktur. Her şey apaçık ve aşikârdır. Hakikatin dili basittir. Karmaşayı yaratan insan zihnidir.

Tapduklu Yunus, Divan eserinde İslâm dinini öven, dünyaya gelen Nebîleri ismi ile anarak, onları baş tacı yapan bir uslup ile anlatımları vardır. İslâm, Arapça kökenlidir ve SLM kökünden türemiştir. Selâm anlamına gelen, 'barış ve sevginin' dinidir.

> Ümmete ümmet diyen ümmet kaydını yiyen eğer ümmeti isendi
> İslâm dinine hak / Yunus Emre Divanı / *Mustafa Tatçı*

Arifler, dini öğrenen değil, yaşayan insanlardır. Onların ümmîliği, medreseden aldıkları kuru bilgi ile tekerleme yapmak ve otomatik hareketleri yerine getirmek değil, bizatihi bilerek, isteyerek ve yaşayarak uygulamaktır. Fıtrat, eğitim ile örtülmez. Ariflerin, Velîlerin fıtratı Hakk ile Hakk olmuşluklarından gelir. Ariflerin hesap ile, sayı ile işleri yoktur. Her nefeste Hakk ile beraberdirler. Tapduklu Yunus, şiirlerinde namaz kılmanın ve oruç tutmanın gereklerini de paylaşmıştır.

> Budur Çalab'ın buyruğu, tutun oruç kılın namaz. / *Yunus Emre Divanı* / *Mustafa Tatçı*

Fakat gönlün, her şeyden üstün olduğunu ve gönül kıranların, ne yapsalar temizlenemeyeceklerini de dile getirmiştir.

Gönül evi, alçak gönlün, tefekkürün, teslimiyetin sembolü olan çöl ortasına kurulmuştur. Bu yüzden tüm Nebîler, çölleri aşmış ve yeşile kavuşmuşlardır. Gönlüne ulaşmayan hiç kimse, bir Nebî olsa dahi, hiçbir gayesine ulaşamaz. Tapduklu Yunus'a göre **'Gönül, Çalab'ın tahtı'**dır. Gönülde sadece Hakk Sultan oturur. Gönül, Hakk'ın nazargâhıdır. İşte bir kez gönül yıktın ise, tüm hayatın boyunca yaptığın ibadetlerin hiçbir önemi kalmıyor der Tapduklu Yunus.

> Bir kez gönül yıkdunısa bu kıldugun namaz degül Yitmiş iki millet dahı elin yüzin yumaz degül Gönül Çalab'ın tahtı, gönüle Çalap bahtı. İki cihan bedbahtı kim gönül yıkarısa / *Yunus Emre Divanı / Mustafa Tatçı*

Tapduklu Yunus, dört kitabı okuduğunu, anladığını ve hepsinden geçtiğini de şiirlerinde apaçık vurgular. *Kendine ne düşünüyorsan, başkaları için de onu düşün, dört kitabın tüm anlamı budur lâkin eğer bir anlamları var ise,* der ve her bir şeyi bir kenara iter. Basit, sade, yalın bir şekilde ne istediğini, ne düşündüğünü dile getirir Tapduklu Yunus. Korkusuzdur, kat'iyen de mahzun değildir.

> Sen seni ne sanursan, ayruga da anı san Dört kitabun ma'nisi budur eğer var ise / *Yunus Emre Divanı / Mustafa Tatçı*

AŞKA VARDIKTAN SONRA KANADI KİM ARAR

Tapduklu Yunus'un Gönül Dergâhı

Arife nişan gerektir.

Nefs insana bahş olmuş sıra dışı bir cevherdir. Tasavvufta nefsi '**bilmek**' esastır. Bu yüzden tüm Velîler ve Nebîler nefsin dize getirilmesi, bilinmesi ile ilgili bilgileri ve özlü sözleri sarf etmişlerdir. Oysa insan, yalan yanlış edindiği bilgilerle **nefsi silmek** ile uğraşır ve başarısız olur. Silmeye çalıştıkça onun daha fazla esiri ve tutsağı durumundadır.

Nefs iki yönlüdür, iki taraftan beslenir, bir tarafı Rahman'a bakarken, bir tarafı da şehveti boyuttadır. İnsan nefse uyduğu vakit ona boyun eğerse şehveti boyutta kalır, nefsini dize getirdiği sürece de Rahmanî taraftan beslenir. Silmeye çalıştığı sürece de nefsin karanlıklarında kaybolur. Nefsi yok saymak için, belli bir kudret gerektir, o kudret de insanda yoktur, insan ancak nefsi dize getirmek kudretindedir, silmek kudretine bahş olanlar ancak Allah'ın sadece kendinin bildiği Velîleridir. O Velîler gizlidir, asla aşikâr olmamışlardır. Halk arasında bilinen isimleri olduğu gibi, halktan biriymiş gibi görünürler, gizlilerinde ise nefsi yok saydıkları için de kudret ve güç ile donanmışlardır.

Nefsi dize getirmek ve bilmek de zaten başlı başına zor ve meşakkatli bir yoldur. Bu kadar zor olan bir yolu bilmeden küçümseyip, boyundan büyük işlere kalkışarak, acemice davranarak, gücünün ve aklının eremeyeceği **'silmek ve yok saymak'** yolunu hiç denemeye kalkışmazdı. Burada Tapduklu Yunus'un felsefesi olan nefsi bilmek ve silmek konusunu iki ayrı merteceden incelemeye çalışacağım. Bilinmelidir ki, nefsi silenler ile bilenler asla bir olmamışlar hatta bir araya gelmemişlerdir.

İnsanın, kendine verilen ve sadece kendine ait olan nefsi ni bilmesi icap eder. Bilmesi için de tanıması gerekir. Çünkü nefsini bilen, Rabbini de bilecektir. Nefsi bilmek, Rabbi bilmek ile sınırlanmıştır. Herkesin kendine ait nefsi olduğu gibi, kendine ait bir Rabbi vardır. Kur'an-ı Kerim ayetinde de **'insanın Rabbi'** ile işaret buyrulmuştur. İnsan nefsini tanımak yolu ile kendi ilahî öğretmeni olan Rabb'ini tanıyacaktır. Rab plânı insanın Rabb'inden Âlemlerin Rabbi'ne kadar ilahî bir hiyerarşik düzende, belli düzen ve kaideler içerir. Kendi nefsini tanıyan insan, Rabb'ini tanır ve Rabb'ini tanıyınca, Rab kendini geliştirir ve bir üst merhaleye ulaştırır ve Rab üstü Rab plânlarına eriştirir. İnsan sonsuzluğun içerisinde, her tekâmül ve gelişme evresinde, Rab duraklarında eğitilir ve gelişir. Geliştikçe de dünyaya adapte edilmiş nefsi, daha başka boyutlarda o boyutların kudreti ve gücüne adapte nefsi ile yoluna devam eder.

Nefs aslında ruhun madde görünümündeki adıdır. Her maddi boyutun nefsi, o titreşimden beslenir ve ruhun özündeki bilgiyi tatbik etmesi için imkânlar sunar. Nefsi ile barışık olan yoluna selâmet ile devam eder. Edemeyen nefsin diğer şehvet dolu yüzü olan karanlıklarında kaybolur, yolunu tekrar bulana kadar da çabalaması gerekir. Zaman kaybetmek söz konusu değildir. Bir bitiş ve son yoktur. Her şey nasıl olması gerekiyorsa öyle olmaktadır.

Nefs akıl almaz tuzaklar hazırlar insana. Bir anı diğer bir anı ile benzeşmeyen, ışıklı yolu gösterip uçurumlardan yuvarlayan, her yanını kana bulayan türlü türlü etkiler yaratır. Nefsin gücü asla tükenmez, çünkü isteklerini karşılayan acemi ve cahil bir sahibi vardır. Ne yazık ki, sahibi kendisinin tutsağı olduğu bir ilişkidir bu. İnsan gibi âlemde her ne varsa secde ettiği bir şerefli mahlûk, nefs gibi cürmü küçük lâkin oyunları hileli bir cevherin zebunu yani zavallısı olmuştur.

Âdemî cennetinden eden nefsi değil midir? Fakat şu da gerçektir ki, nefse yenik düşmek de bir erdemdir. Yenilmeden, zafer kazanılamayacaktır. Hızla kademe kademe nefsin karanlıklarında düşüşüne şahit olan Âdem, alçakların yüceliğinde, tekrar ait olduğu anavatanına geri dönüşünü gerçekleştirecektir. Nefse olan acizliği, dizginleri ele geçirerek onu diyar diyar gezdirecek ve vakti zamanı gelince de tekrar cennetine kavuşturacaktır.

> Zinhar gözüni açagör, nefs duzagını seçegör Miskin âdem oglanı, nefse zebun olmışdur / *Yunus Emre Divanı* / *Mustafa Tatçı*

Tapduklu Yunus'un felsefesinde, *nefs yolundan geçmeyen, aşk şarabından içemez* felsefesi vardır. Aşka varmak için, nefsi geride, aşkı önde tutmak icap eder. Aşığın savaşı, nefsi iledir, başka hiçbir şeyle değildir. Gece gündüz tüm meşgûliyeti nefsi ile olmalıdır. Nefsi, devasa hâller olarak algılamamak da gerekir. Nefret, öfke, hırs, kıskançlık, hasetlik, hazımsızlık gibi belli hâlleri olduğu gibi, küçük ve mühimmiş görünmeyen hâlleri de vardır. Bu yüzden Tapduklu Yunus, gece gündüz nefs ile savaşmak mubahtır demektedir. Baba Tapduk dergâhında Dervişleri, nefsi dize getiren türlü türlü taktikler geliştirmişlerdir. Tapduklu Yunus da bunları ara ara şiirlerine serpiştirmiştir.

> Nefs yolından geçmezin Işk şarabın içemezin. Gice gündüz nefsiylen her dem savaşdur aşıkun / *Yunus Emre Divanı / Mustafa Tatçı*

Her Dervişin yöntemi ayrıdır ve yolunu kendi keşfetmelidir. Çünkü nefs kişiye özeldir. Biri için önerilen yol, diğeri için bir gelişme sağlamayabilir. Bu yüzden de herkesin bir yöntemi, her yöntemin türlü türlü yaşanmışlıkları vardır. Nefs bir şey arzu etmiş ise, önce durup ne istediğine bakılır sonra beden bir işe yöneltilerek yorulmalıdır. Çünkü daha önce de bahsettiğimiz gibi, nefs bedendir. Beden yorulunca ancak hak ettiği şey ona verilir.

❧

Dervişin biri bir şehre girer, burnuna mis gibi kavrulmuş et kokusu ulaşır. Ekmek arasına ne kadar olduğunu sorar. *'İki akçe'* derler. Ama can bu dayanamaz ister de ister. Biraz yürür ama aklı kalmıştır bir kere, nefsi arzulamıştır artık. Az ilerde bir değirmende öğütülen buğdayları görür, atı bağlamışlardır gün boyu dönmektedir değirmen etrafında. Gider sorar değirmen sahibine. *'Bu hayvanın günlük yiyeceği ne kadardır?'* Değirmen sahibi cevap verir *'dört akçe'*. Tamam der Derviş *'ben gönüllüyüm, iki akçeye tüm gün çalışırım'*. Gün boyu çalışır ve iki akçesini alır, akşam gider ekmek arası etini yer, nefsinin arzusunu yerine getirmiş olur. Ve nefsine seslenir *'Bir daha bir şey isteyeceksen muamele bu. Ona göre takın artık tavrını.'*

❧

İnsanın nefsi ile alakası ve terbiye yöntemleri üzerinde çok fazla durmak istemiyorum; bunu hem daha önceki kitaplarımda anlatmıştım, hem de her yerde ulaşılabilecek nitelikte dir. Tapduklu Yunus'un nefsi nasıl ele aldığını, insanın nefsi nasıl tanıması gerektiğine dair felsefesini biraz olsun anlatmaya çalıştım. Asıl mühim olan, toplum içinde hiç bilinmeyen bir yöntem olan, Ariflerin, Velîlerin, nefsi tanımanın ötesine geçip nasıl sildiklerine dair yöntemlerdir.

Tapduklu Yunus, rivayetlere göre kırk yıl boyunca, Gönül dergâhına odun taşımıştır. Baba Tapduk böyle emir vermiştir. Ona biçtiği himmet gömleğini kendi elleri ile giydirmiştir.

Bıkmadan usanmadan, zerre dahi serzenişte bulunmadan, her gün, erenlerin himmeti ile, vahşi ormana dalıp, en düzgün odunları dergâhına taşımıştır Tapduklu Yunus. Hiç kimsenin dayanağını kırmadan, hiçbir canlıyı incitmeden, yılları sayıya vurmadan yapmıştır bunu. Bir gün dahi, odun kesme görevinin bitip bitmediğini sormadan, hiç sorgulamadan. Şimdi bu kitabı okuyan bizler, aramızda kaç kişi bunu yapabilir? Arzularımızın peşinde koşarken, her istediğimizi kolayca elde ederken, eskisi yeni iken, bir benzerini mağaza mağaza ararken, gidip bir dergâhta kırk yıl odun kesme teklif edilse, kaç kişi evet diyebilir? Evet dese bile kaç kişi bunun üstesinden gelebilir?

Zor olan Tapduklu Yunus'un seçtiği yoldu. O, kendi nefsinin vahşi ormanına dalıyor, arzu ve istekleri görünümünde ağaçları buluyor, eğri büğrü, üzeri katmanlarla örtülmüş kabuklarından ayırıyor, en düzgün hâle getirip, Hakk Kapısı olan dergâhına getiriyordu. Hiç yorulmadan, aman demeden yapıyordu bunu. Çünkü Tapduklu Yunus, nefsini bilenlerden değil, silenlerdendi. Eğer silmese idi, şikâyet edecek, yeter diyecek, dergâhtan da kovulacaktı. Dünya üzerinde çok azına sahip bir güç ve kudret ile nefsini silenlerden olmuştu.

Az evvel, yukarıda, nefsini bilen insan, Rabbini bilir, nefsi bilmek insanı Rabbine ulaştırır demiştik. Nefsini silenler ise Rabbine Arif olanlar ve Velîlik makamına ulaşıp Hakka varanlar, Hakk ile Hakk olmuşlardır. Onlar yok yokluğun erleridir, halkla benzer, halktan olmayanlardır, halk arasında insan görünümünde, kendi mekânlarında ise yokluğun nefesidirler. Allah'ın Velîlerini ve Ariflerini bulmak, onlarla sohbet etmek, onları anlamak çok zordur. Çünkü yok yokluğu bilmek için, ancak o makamın işaretlerini konuşan bir dile ihtiyaç duyulur. Tapduklu Yunus şiirlerinde 'kuşdili bilirim' dediği durum budur. İlm-ü ledün yani gayb dili, dünya dili ile hiçbir benzerlik taşımayan bir lisandır. Bunu ancak, sadece Allah'ın kendisinin bildiği Velîleri ve Arifleri bilebilir ve onlar bu dili konuşabilir. Kendilerini sırlamışlardır. Hakk'ın nişanı olan gündüzde ayan beyan apaçıktırlar, oysa nişansız gecede ise Hakk ile var olurlar. Onların ne yaptığını kimse bilmez. Kırk yıl düzgün odun taşıyan Tapduklu Yunus gibi. Onun zahirde odun taşıdığını görenler, batınında ne taşıdığı hakkında bir bilgiye sahip olamamışlardır. Yük yük taşıdığı, Aşk'ın hâlleri miydi, yoksa sevginin tezahürü müydü? Yoksa daha ötelerden getirdiği, Rahmet Damlaları mı? Odun olarak tezahür edenin ne olduğu bilinmez bir sır olarak, kendi dergâhındaki Dervişlerce merak konusu olmuştu.

Her Derviş, nefsi bilmeye namzet bir aday olsa da, asla silmeye cüret edecek güçte bir er olamayacaktı. Çok nadiren olan durumdu bu. Tapduklu Yunus, ezelden sözleştiği gibi, yeryüzünde gönül kilidi Tapduk manisine sırlanan cevheri buldu, o anahtar ile açıldı, âlemlere rahmet olarak bir bir saçıldı. Ölmeden ölmüştü Tapduklu Yunus. Ölmeden ölmenin sırrına vakıf olmuştu. Biz dilemedikçe siz dileyemezsiniz nişanına uygun, Hakk onu bedeninde nefesini kesmeden öldürmüş ve yeniden Hakk nuru ile tecelli ettirerek var etmişti.

❧

Yollarda yana yana yürüyen Tapuklu Yunus, bir gün Dervişlerle karşılaşır. Dervişler Tapuklu Yunus'u tanımamışlar fakat bu biçare olan insanı yanlarında ağırlamak istemişlerdir. Tapduklu Yunus, üç gece onların Allaha duası ile kurulan rahmet sofrasında yer içer, doyar. Sıra kendisine geldiğinde, Dervişler *'Hadi, bu gece de sen donat soframızı!'* derler. Ah benim kendini bilmezlerden eyleyen Dervişim, susar, öyle bakakalır, ellerini açar duasına başlar *'Ya Rabbim, utandırma beni, bu Dervişler kim için dilemişlerse senden rızık, ben de o kişi yüzü suyu hürmetine senden dilek te bulunurum'* der ve sofra bin bir çeşit ile donanır. Dervişler şaşakalırlar, bize bile böyle nimet gelmemiştir edası ile. Sorarlar nasıl dua ettiğini. Yokyoksulluğun Dervişi olan Tapduklu Yunus der ki *'Siz kim için dua etti iseniz ben de o bil mediğim kişi için diledim Allahtan!'*. Dervişler hemen *'Biz Tapduk sırrına vakıf olan yoksul Yunus için dileriz her gece'*.

༄

Tapduklu Yunus'un *su içtiği yer Hakk'ın Gönül çeşmesidir.* Hakk Aşkı akıtmakta, Tapduklu Yunus da bedenini kadeh eylemektedir. Tüm hayatı, yaşamı, duruşu, sözleri Hakk'tan gelir onun bedeninden dünya toprağına nimet olarak akar. O nimet rahmet olarak tekrar geri yansır ve besler bedenini. Velîler ve Arifler kendilerine bahşedilen dünya nimetlerini görmezden gelmiş, arzularına ve isteklerine kulak asmadan tamamen nefsi bertaraf eden bir tarz ile nefsi silmiş, tamamen yüzlerini Hakk'a yönelterek, belâ ve husumeti de olabildiğince üzerlerine çekmiş gönül erbablarıdır. Korkusuzdurlar, ne husumetten korkarlar ne de kendilerini küçümseyen hor görenlerden. Çünkü nefsi silmenin gücü ve kudreti onlardadır. Bir insanın kaldıramayacağı azamette bir güçtür bu. Ancak ve ancak Ariflerin ve Velîlerin yoludur.

Hiçbir kınayıcının kınamasından korkmazlar. Bu Allah'ın bir lütfudur. Onu dilediğine verir. Çünkü Allah Hakk'ı ile bilendir. *(Kur'an-ı Kerim, Maide Suresi, 54.Ayet)*

Herkes Tapduklu Yunus'un, görünen dünyasını araştırmaya koyulmuştur. Onun çok yoksul bir çiftçi iken yollara düşen Hacı Bektaş Velî ile karşılaştıktan sonra erenlere karışan biri olması rivayetlerden sadece biridir. Hakkında çok fazla söz söylenmiştir, kimi evli barklı çocuklu bir müftü, kimi Tapduk Emre'nin kızını alan bir Derviş, kimi yana yana yürüyen gayb sırrında yok olmuş bir er olarak görmüştür. Kim neyi görmek istemiş ise öyle yorumlamıştır Tapduklu Yunus'u. Oysa o kendini gizlemiş, hakkında hiçbir bilgi olsun istememiş, hatta şiirlerini bile toparlamamış biridir. En büyük halk ozanı, şair, Derviş gibi birtakım lakaplar takmışlardır ona. Oysa Tapduklu Yunus, kendi ifadesi ile *'Tapduk'tan gelmiş, Taptuğa yol alan bir nefestir'* yeryüzünde. Bu sözün açıklamasını daha evvelki bölümlerde fazlasıyla yapmıştım. Hakk'tan gelen ve Hakka giden bir nefestir o.

O daima kendi ile meşgûl olmuş, işi insanlarla olmayan, sadece gönüller yapmaya gelmiş bir Derviştir. Yana yana yürümüştür maddeden manâya. Gizliden açığa, daha sonra da kendi görüneninden, görünmeyenine yol almıştır. Biz onu yine de dağları taşları kat etmiş, Anadolu'nun her yolunu karış karış dolanmış biri olarak bilelim. Çünkü insan olarak elle tuttuğumuz, gözle gördüğümüz somut bilgiler peşindeyiz. Yunus için bir tanım getirdiğimizde içimiz ferahlayacaktır. Oysa görünenin ardında görünmeyen sır perdesi daima örtülü kalacaktır. Yürürken nerelerde yol aldığını, Tapduk manisini saçarken neleri toprağa kattığını, düzgün odunları bir bir taşıyarak Dünyanın Nefsi'ni bir bir yaktığını kimse bilmeyecektir. Çünkü o vakitler Anadolu ateş altındaydı, birbirine karışmıştı. Yunus, bir dostluk ile aydınlanmış gülen yüzü ile, Hakk'ın rahmet dolu eli ile Anadolu'da dolaşmış, her bir insan gönlüne ulaşmış, onları bir bir açmış ve sahiplerine armağan etmiştir. O gönüller yapmaya gelmiş bir Sultan'dır. Kendini fedâ etmiş, nefsini terk etmiş, gölgeden vazgeçmiş, hakikati Hakk'da bulmuş, Ay ışığını yerde bulmuş, Rahmeti topraktan almış, Alçakların ve Diplerin gücü ile Zirvelere çıkmış, Arş'ın da ötesine geçip, Hakk kokusunu içine çekerek, o nefesi dünyanın rüzgârlarına karıştırmış bir Velîmizdir. Varsın birileri hâlâ onun hayatı, çocukları, eşi var mı diye meraklanıp dursun.

Kendisi de böyle olmasını istediği için, hakkında yazılı hiçbir iz bırakmamış, gaybda gizlisine nasıl karıştıysa, yeryüzünde de silinmiş ve yok olmuş, sadece gönüllerde Aşk ile, akıllarda Tapduklu Yunus olarak yer almıştır.

Tapduklu Yunus'un su içtiği kaynak yani meşrebi, melâmettir. Melâmet meşrebi gereği, nefs silinmeliydi. Her insan bu meşrebte olamaz. Yolu çok çetin, zor bir yoldur. Nefsi silmek o kadar kolay değildir. Nefsi silen, dünyanın nimetlerini itelediği için, dünyanın tüm musibetlerini de üzerine çekmiş olur. Buna dayanacak güç ve kudrette olmalıdır. Halktan tamamen uzaklaşacaktır ki, halkla bir arada ve en yakîn olabilecek hâle gelebilsin. Halktan ne kadar ayrı ise, o kadar beraberdir aslında. Halk onu ne kadar reddeder ve dışlarsa, bir o kadar kabul eder ve benimser. Tüm dünyanın koşar adımla yöneldiği dünya nimetleri olan selâmete yüz çevirenler, nefsi silenler olmuştur. Tapduklu Yunus, bunlardan biriydi. O halkın içinde her ne kadar var olmuşsa da, kendi yalnızlığında daha fazla bulunmuştu. Tapduklu Yunus'un mekânı, vahşi ormanda odun kesmek, dergâhta kendi odasında zikretmek, dağ taş demeden yana yana yürümekti. Tabiatın güzelliklerini seyretmek, onların tesbih ettiği Allah ismini duymak, An'daki oluşumları müşahede etmek, kendi ruhundaki yankıları dinlemekti. Nefsini bilip, Rabbine Arif olan, daha ötelerin kokusunu alarak, oraya ulaşmanın tek yolu olan nefsi silmenin azameti için de yol aldı Tapduklu Yunus.

AŞKA VARDIKTAN SONRA KANADI KİM ARAR

Işk kadehinden içüp nefs dileğinden geçüp Hak yolına er gibi
tutmayan Aşık mıdur / *Yunus Emre Divanı* / *Mustafa Tatçı*

Rabbe Arif olan ve Hakk'a ulaşmanın tek yolunun, nefs dileğinden geçmek ve Aşk kadehinden içmek olduğunu şiirlerinde vurgulamıştır. Lâkin nefsini Derviş eylemeyen asla Hakk'a ulaşamayacaktır Tapduklu Yunus'un felsefesine göre. Şiirlerinde zıtlıkları ve tezatlıkları çok iyi kullanan Tapduklu Yunus, nefsi silmeyi ve öldürmeyi emrederken, bir yandan da Derviş eylemeyi önerir. Her ikisini de dengeli kullanmıştır. Hem yok saymış, hem kendine Derviş eylemiştir nefsini. İki zıt hâli kendinde mecz etmiş, birleştirmiş, birlemiş ve cem etmiştir.

> Suyun başını tutuyor olsan ne faide, İçtikçe susuzluktan kurumuş nefsin. / *Yunus'ca*

İyilik ve kötülük manâlarından azat olmuştur Tapduklu Yunus. Hz. İsa *'dünyayı yendim'*, Hz. Muhammed *'nefsimi müslüman ettim'* demiştir, bu sözlere özdeş, Tapduklu Yunus da *'nefsi Derviş eylemiş'* bir Velîdir. Ancak Yüce Gönüllüler, kendilerini hesaba çekerek murakebe yoluna girecek cesarettedirler. Beşerîyetin meşgûliyeti, başkalarını hesaba çekme aczinde olmalarıdır. Bu yüzden beşerî ve Âdemî diye insanlar kendilerini ikiye ayırmışlardır, hiçbir kudret onları ikiye ayırmaya meyilli değildir. Bilâkis insan, kendi hakikatine ulaşmak ile, kendini nefsin karanlıklarına hapsetme yetkisi, hükmü ve iradesi içindedir. Bunu kendisi istediği için yapar. İnsan dışında hiçbir varlık insana müdahale edemez. İnsan adım atmadan da hiçbir ilahî kudret ona yardım edemez.

> Çeşmelerden bardagun toldurmadın korısan Bin yıl anda tururşa kendü tolası degül / *Yunus Emre Divanı* / *Mustafa Tatçı*

Nefs bedendir demiştik. Beden acı çekmeden nefs yola gelmez. Velîlerin nefsi silmek yolunda, bedenlerinin çektiği acı bizlerce sabredilemeyecek boyutlarda olsa da, Velîler için şerbet niteliğindedir. Onlar bunun lâfını dahi etmezler. *Acı çekiyoruz* demezler, *belâ bize bulaştı* demezler, dünyanın yükünü yüklenseler dahi *'aman'* demezler. Onların tüm meşgûliyeti, Hakk iledir. Velîler ve Arifler, şifadır zehre karşı.

Hakk'ı bulmak isteyenler eylesün nefsini Derviş Öldürem nefsüm itini gelmesün koman gerekmez. / *Yunus Emre Divanı* / *Mustafa Tatçı*

Âlemlerin Nuru idi Âdem. Böylece Âdeme karşıt olmayı kendi iradesi ile seçen iblis oldu. Çünkü her şifaya bir zehir gerekti. Âdem erleri olan Arifler ve Velîler de şifa kaynağı olmuşlardır. Dünya var gücü ile büyütmeye çalışırken Tapduklu Yunus'u, Hakk daima fısıldadı sessizlikten kulağına ve işitenlerden oldu Yunus, *'Özüne Sadık Ol'* ve Tapduklu Yunus da ikrarından asla dönmedi. Evvelde sözleştikleriyle, sonsuzlukta buluşmanın huzuru içinde oldu daima. Menzilsiz menzillerde dolaştı, yürüdü yana yana Tapduklu Yunus, her noktada buluştu erenlerle. Gördükleri ile tanış oldu, buluşamadıklarına tek tek selâm etti gönül yolundan. Aşk ateşi harlamıştı bir kere Tapduklu Yunus'un gönlünde, her şeyini yitirmişti bir bir, artık üryandı hakikat ırmağında ve yeniden inşa etti bedenini aşk ile sessizlikte. Çünkü Aşk gelmişse davete, bulduğu her şeyi eritir, kendi ile yeniden var eder. Gayrı o kişi, eski ceketi atmış, Aşka bürünmüştür. Aşk ile ettiği her bir kelâm, harflerin yan yana dizilişinin sonsuz kombinasyonları gibi görünse de, manâdaki bütünlüğü, Tapduklu Yunus'un ruhunda olup bitenin yüreğinde aksedişiydi. Selâm kelâmdan önceydi. Aşk ile söylediği deyişlerini şiir olarak yorumlayanlar, onu nasıl anlamak istedilerse öyle anladılar. Farklı idrak edenler de oldu. Her kelâmdaki idrak, kişiye özel, kişiye has bir oluşumdur, dilerse ruhun en ücra katma larına dokunur ve oradan bedene yansır. Dilerse de huşû içinde okunanın zevkine varır. Dilerse de kulağa hoş gelen kelimelerin dizilişleridir sadece.

Evvelde bir iken ışıdık, zamanda belirdik aşikâr olduk. Kut'sadık-larımız ile Kut'sandık. / *Yunus'ca*

Şeyhi ona *'hâlâ dünyalık kokarsın Yunus'* dediğinde, dört elle sarıldı gayb âlemine. Bitmemişti çilesi, daha çok düzgün odun taşıdı, daha bir sessizliğe büründü, daha fazla tutuşturdu ateşin narını. Her ne kadar diğer Dervişler arasında en çok kıskanılan, dışlanan, dedikodusu yapılan, haset edilen olsa da o tıkadı tüm kulaklarını, duymadı. Onlar *'tehriki tennura'* lâkaplı, ortalık karıştırıcısıydılar. Yine de Tapduklu Yunus bunların hiçbirine meyil etmedi. Onun gönlünü Hakk Nuru kaplamış, bedeni Aşk ile çıra gibi yanıyordu.

Melâmet meşrebinde Arifler ve Velîlerin işlerine akıl sır ermez. Çünkü onların terslikleri düz, düzlükleri terstir. Zıtlıkları ve tezatları bolcadır fakat görünenin ardında neler aktardıklarını kimse bilmez. Onları tanımak büyük yürek işidir. Yanlarında olmak ise bir muamma. Onlarla yaşamak zordur, onları bulmak ve bilmek ise başlıbaşına bir mesele. Bu yüzden kimin Arif olduğunu bir bakışta anlamak mümkün değildir. Onlar anlaşılmamak için, tüm uyumsuzlukları icra ederler. Zıt olurlar, terslik yaratırlar, kötü ve çirkin olan her ne varsa hareketlerinde gösterebilirler. Çünkü halk ile bir arada olmak istemezler ve uzak durmayı tercih ederler. Gizlilerindeki gaye, halk arasında olurlarsa himmeti kaybedecekleridir. Halk onları yüceltip baş tacı yapacağı, övgülere tabi tutacağından nefslerinin parlatılmasını istemezler. Allah onları nimet ve rızk ile donatmıştır, dünya ise tüm musibeti ve belâyı onlara hak görmüştür. Bu iki zıtlık hâlinin tam ortasında Arif ve Velî ler, tamamen huzurda ve kendi huzurlarındadırlar.

Allah, kendinden daha fazla sevgiyi zulm görür Ariflerine ve Velîlerine. Ve kendinden daha çok sevmelerine de izin vermez. Bir Hakk sevilir ve sadece Hakk sever. Daha ötesini Hakk kendi nefsi için, kendine çeker, kendi güneşinde kör eyler Velî ve Ariflerin gören gözlerini. Bu yüzden de Arif ve Velîler dünyadan vazgeçen, Hakk'ı, Hakikati ile gören gönül erbablarıdır. Ariflerin, şiirlerinde, sözlerinde, daima Hakk lâfzını anmaları bu yüzdendir. Onlar öyle körlerdir ki, ne kendi güzelliklerini görürler ne de başkalarının güzelliklerini. Her gördükleri zerrede Hakk'ın Nurunun pırıltıları ile serhoş, Hakk'ın rahmeti ile hemhâl, Hakk'ın Habibliği ile dem bu dem olmuşlardır. Tapduklu Yunus, Hakk'ın Habibi olmuş aynı anda Hakk'ın Aşkına düşmüş bir Velîdir.

> Yunus imdi sen Hakk'a ir dün ü gün gönlün Hakk'a vir Gönül gözi görmeyince bu baş gözü görmeyiser / *Yunus Emre Divanı* / *Mustafa Tatçı*

Tapduklu Yunus, Melâmet gömleğini biçmiş, kendi elleri ile kendi üzerine giymiş, selâmeti eliyle itmiş, yüz çevirmiş bir Derviştir. Artık dünya Dar'dır ona. (Dar, Allah'ın isimlerinden biridir).

> Kana'at hırkası içre selâmet başını çekdüm Melâmet gönlegin biçdüm 'arif olup geyen gelsün' / *Yunus Emre Divanı* / *Mustafa Tatçı*

AŞKA VARDIKTAN SONRA KANADI KİM ARAR

Aşka Varınca Kanadı Kim Arar

Ruhumda yankılanan Yunus'ca mahlasının size diyecekleri var. Hele bir dinleyin:

Ruhum sığmaz olmuş bedenime, göz ne ki, görsün hakikati, o sadece görür eşyayı lâkin bilmez gerçeğini. Aşkı hangi göz görebilir, hangi kulak duyabilir, aşka hangi el dokunabilir ki? Varlığı ile nefes alan, yokluğu ile zayıflayan çocuk bedenimde, tüm sesler O, tüm ışıklar O. O dedi benim adım hiç kimse. Herkeste var olan hiç kimse. Bir gece ansızın uzandı ve dokundu, yıldız bedeninden fedâ etti kendini. Geldi ve karanlığı deldi, târik oldu ışıdı, haydar olsu esti, turab oldu Hayy verdi, uyandırdı fâni bedenleri. Ne bâki kaldı Aşk, ne fâni oldu.

Çift kanadı ile uçanları hayranlıkla seyrederim, çiftlerden çiftleri. Lâkin yalnızlığın nasıl bir Teklik olduğunu düşünürken hüzün ile, O her vakit kapıyı çalar içeriden muhteşem edâsı ile. Kokusu kaplar ortalığı nefesi ile, ki renklerden bir 'renk'.

Ortada ne 'ben' kalır bende, ne 'sen' derim dil ile. Ne vakit içime dönsem, yalnızlığın en derûn yalnızlığında, benden daha bilgili olan O 'şeyi' görürüm. O daima orada, sevgiyle, sabırla bekliyor.

Çocukken daha, gökyüzüne baktırıp yıldızları seyrettirirdi, bu dünyada yalnız olmadığımı hatırlatırdı bana. Çoğu kez onu görmezlikten gelirdim, unuturdum, duymak istemezdim. Ne vakit fark ettim ki, insanın düşmanı yine kendisi, insanın en sevdiği aşkı yine kendisi. En büyük ortağı bir 'ben', tek gerçeklikse 'O'.

Yunusum uçmuş uçmuş göklerde de, konmuş bu akılsız başa, kendinden geçirmiş bu aciz, içi vehim dolu çulu. Gönüle bir yerleşmiş ki Yunus, cihanı kaplayıvermiş. O an derûn sükûna varmış, sel gibi çağlayan, coşkun akan kevser pınarı. Yalnızlığına ortak olmuş sessizce Yunusum, anlamış o vakit, ortağı sadece kevser pınarı imiş, o da vehim dolu bir çul imiş.

Âdem oldum toprağa secde eyledim, oğul idim gökyüzüne mirac eyledim, bir Yunusum ki kanatsız uçarım, göğü yeri arşınlarım. Benim işim insanlarla değil, herkes bu dünyada tekâmül etmez, işte en büyük sır burada.

Bir rahmanî nefes, bin nefsî nefese yeğdir. Bize nefs çokluğu değil, gönül zenginliği gerektir. Hakk dostlarına korku yoktur, mahzun da olmazlar, lâkin O habibine en büyük belâyı hak görür, kimseye vermediği Huzur'a da bahş eyler.

Hakk hakikattir, Hakk bizdedir, bir an olur ki, idrak edersin, uçtuğun kanadın da bir perde, yöneldiğin aşk da bir perde. Öyle yaklaşmışım ki sana, hemhâl olmuşum her anında. Zerre kadar yaklaşsam görürüm ki ben güldüğümde gülen, üzüldüğümde üzülen Rabbim, kalbim nasıl kıysın sana. O kadar yakınsın ki şu Yunus kuluna, gönül kapısının hemen ardında, daima benimle. Dünyayı değil, kâinatı verseler, iki cihana sultan eyleseler, ne edeyim, senin bir anlık huzuruna neyi değişeyim Rabbim.

Ben, dağlarda yetişen kır çiçekleri arasında açmış, toprağa sıkı sıkı tutunan, aynı zamanda başını göğe doğru uzatan çiçeklerdenim. Karanlık gecelerden korkmam, çünkü yıldızlar benim rehberimdir. En şiddetli gök gürlemesinden korkmam çünkü bilirim ki güneş açacak ve göğü aydınlatacaktır. Sulanmaya ihtiyacım yoktur çünkü bilirim ki beni sulayacak olan el, beni toprağa atan bana varlık kazandıran el'dir. Saksıda gece tavanın karanlığını seyreden, gündüz pencereden gelen cılız ışığa ihtiyacı olan saksı çiçeğine benzemem. Besinimi toprağımdan çeke çeke alırım, ışığımı da dünyanın her yerini aydınlatan güneşten. Yürekli olana yakışır benim asaletim. Herkesin yakasında yer almam. Bana uzanman için tepeleri aşman, dağlara ulaşman gerekir. Yorucudur ancak Sevgi çağırdı mı kanatlanıp uçman icap eder, vakti zamanı gelince de kanadını kırıp, kanatsız uçman, pervazı terk etmen gerek. Ulaşmak ama neresi diye sormadan. Neden diye sorgulamadan. Yönünü koklayarak, hislerinle takip ederek bulmalısın. Gören gözlerini kapatarak, hangi çiçek diye sormadan uzanmalısın. Çünkü tüm çiçekler benim! Nerede olduğum belirsiz. Tüm neredelere uzak, nedenlere yakınım. Hepsiyim ancak hiç biriyim, her yerdeyim ve hiçbir yerde değilim.

Kanat Nedir?

Her kuşun kanadı vardır. Peki insandaki kanat nedir?

'Aşka uçma kanatların yanar' demiştir Sadi Şirazi. 'Aşka uçmadıktan sonra kanatlar neye yarar?' demiştir Hz. Mevlâna. 'Aşka varınca kanadı kim arar?' demiştir Tapduklu Yunus. Ve bu sözü ile de okuduğunuz kitaba konu başlığı olmuştur.

Şiirlerinde 'kanat'a çok yer vermemiştir Tapduklu Yunus. O aşka ulaşan ve Aşk olmuş bir Velî olduğu için, kanatsızlığı doyasıya yaşamıştır. Çünkü kanat çifttir. Biri diğerinin zıddını ifade eder. İyi-kötü, menfî-pozitif, adem-iblis, erkek-kadın, er-dişi gibi birtakım zıtlıkların birbirini tamamlaması ile yol alınır. Her varlık zıddı ile tecelli olur, görünür hâle gelir. Zıddı olmasa idi görünen âlem de olmazdı. Ruhundan bedene yol alması için kanada ihtiyacı olduğu kadar, bedeninden ruhuna varması için de yine kanada ihtiyaç duyar. Ne vakit zıtlıklardan azat olur insan, o vakit kanada ihtiyacı kalmaz.

İnsanın kanatları nedir? Kanattan ne anlamamız istenmiş ki üzerinde bu kadar durulmuştur.

Aşk dendiği vakit akla ilk gelen **kanat ile uçmak** oluyor. Bilinen tüm öğretiler ve bilgiler, 'kanat'ın varlığını ve önemini işaret etmişlerdir. Tapduklu Yunus, *'dileyen ahiretine, dileyen dünyalığına kavuşsun, benim dileğim Hakktır'* yorumu ile *'bana seni gerek seni'* demiştir. Tapduklu Yunus, amaca ulaşana kadar kanadın varlığına ihtiyaç duyulduğunu, daha sonra kanatsız yol alınması gerektiğini söyler. *'Kanatsızlığın'* menzilsizlik olduğunu dile getirir. İnsanın menzili olmaz, *'menzil ancak Hakk'ındır'* diye işaret eder.

Varlığın menzili yoktur, menzil tayin edemez ki bu yaratılışa aykırıdır. Menzil sadece Hakk'ındır. Varlık ezelden ebede yol alır, seyir eder, çünkü ebedî bir yaşam ile yoğrulmuştur. Her seyrinde de hâl yaşar, o yaşadığı hâl ile de hemhâl olur. Sonsuz boyutlar, sonsuz âlemler ve yaşam dolu gezegenleri ile varlıklara sonsuz seçenekler sunulmuştur. İnsan hiçbir vakit Hakk olamaz, ancak Hakk makamına ulaşır, o makamda seyir eder, Hakk ile Hakk olur sonra yine yoluna devam eder.

İnsan yaratılış manâsı ile zaten Yücedir lâkin kibir ona yakışmaz. O seyir hâlindedir, her zerreye misafir olur. Yüceliği, seyrinin bâki olmasındandır. Alçaklara, diplere olan yolculuğu da varlığı alçaltmaz. Fâni bedende konaklaması, bir durak'tır. Nefsi tanıması ve ölümün tadılması bakımından, varlığın ihtiyacındandır.

İnsan Makam mıdır yoksa Mekân mı?

Bu konuya önemli bir açıklama yapmam icap ediyor: Mekânın yüceliği ile, o yüce mekânda olmanın yüceliği arasında büyük bir fark vardır. Âdem, Yaratılışı itibarı ile hem Yüce bir makamdır, hem Yüce bir mekândır.

Bir vakitler, tüm yaratılanlar, hem mekân olarak yüce olan 'Cennet mekânında', hem de makam olarak Yüce olan 'Cennet makamında' idiler. Yüce bir mekânda olmak, 'makamının yüce' oluşu idrak edilmediği sürece, yaratılmış olanlara bir özellik katmaz. Azazel yüce bir mekândaydı fakat kendisi yüce değildi. Azazel, Âdem'in Özündeki yüceliği göremeyecek kadar kördü. Çünkü Âdem, mekân olarak Zahir, makam olarak Bâtın idi. Bunu idrak edemeyen Azazel, yüce mekândan kovuldu ve bir İblise dönüştü. Mekânın yüceliği ortadan kalkınca, kendi özündeki bilgilerin ve idrakinin yetersizliği idi onu bir iblise dönüştüren!

Âdem, Hakk'ın nefsinden, ruhundan ve suretinden yaratıldığından, Öz itibarı ile Yüce idi. Hem Özünün yüce oluşu, hem bulunduğu mekânın yüce oluşu çok önemlidir. Cennetten kovuluşu da kendi özündeki yüceliği asla bozmamıştır. Mekânın yüceliği ile, o mekânda olmanın yüceliği arasında büyük bir fark vardır. Kısaca, Âdem hem makamdır, hem mekândır. Kendi özü ile mekânında Yücedir hem makam olarak Hakk nefsi, ruhu ve sureti ile mayalanmasından dolayı yücedir.

Kısa bir örnek ile açıklamak gerekirse; hünkâr, makam ve mekân olarak yücedir. Hünkâr olan padişah, lâyık olsun ya da olmasın, sadece makamın ve mekânın yüceliğinin verdiği güç ve kudret ile hareket edebilir, emirler yağdırabilir. O makam ve mekândan aşağı inince, ne gücü ne kudreti kalır. Oysa bir Arif öyle değildir. Arifin, her mekân ve makamda Yüceliği bozulmaz. Dolayısıyla, Alçalması ve Yükselmesi, Âdem Özünün mekân ve makamının yüceliğini bozmayacaktır.

Özetle, İnsan, 'kendini bilme' serüveninde 'makam'dır. Mekân dışı ve tüm mekânlardan münezzeh olan, Gören ve İşiten Hakk nazarında, insan bir 'mekân'dır.

Tapduklu Yunus, Hallac-ı Mansur felsefesini daha da ileri götüren bir bâtıni yaklaşım sunar bize. Ene'l Hakk felsefesini, daha da belirginleştirip, Hakk ve Arş menzillerinin de aşılabileceğini, bunun nasıl yapılacağını vurgulayan sırrı açıklar.

Tapduklu Yunus bir şiirinde *'Ferşi gördük, Arşa eremedik'* diyerek yolun başında olduğunu ifade eder. Arş, bütün görünen âlemleri çevreleyen ve yaratılmışların en yüce makamıdır, tavanıdır. Ferş yeryüzüdür, yani taban. Yeryüzünü gördük demek, toprağa miraç eyledik anlamındadır. Arşta iken, miracını yeryüzüne eyleyen Tapduklu Yunus, yeryüzünde iken miracını henüz Arşa eyleyemediğini dile getirir. Yere de, göğe de ulaşmak, kanat vasıtasıyladır. Kısaca Arş ile Ferş arasındaki geliş gidişler ancak kanatlar ile yapılır. Arşın ötesine geçen, Aşka ulaşmıştır, kısaca Aşk ile Aşk olmuştur. Arşı geçmek için, ferşi aşmak gerekir. Çünkü Arşı geçebilecek güç ve kudretin sırrı ancak ferşte yani yeryüzündedir.

Aşka varan ve Aşk olanın kanada ihtiyacı kalmaz. Kısaca, kanat Arşa götürür, ötesine geçmek için kanat yüktür, terk edilir. Ondan sonrasına kanatsız devam edilecektir. Tapduklu Yunus bunu şiirinde *'Erenin yüzü Arş'tan uludur'* ve *'Âşıklar meydanı*

Arş'tan da uludur' olarak vurgular. Arşa varışını da şiirinde şöyle dile getirir: *'Arş'tan haber veririm'*. Arş'tan öteye geçişinin sırrını şiirinde *'Arş'tan ileri uçarım, gerçeğim yeryüzündedir'* diye ifade eder.

Tapduklu Yunus'un felsefesinde **'Arşın da ötesi var, onun da ötesi, ötelerin de ötesi'** bâtınî sırrın yeryüzünde olduğunu vurgular. Çünkü alçaklardan güç ve kudret alınarak yüceler aşılır ve kanatsız yola devam edilir. *'Arş üstüne seyran olam'* diye de Yüceleri aştığından haber verir şiirinde. Ötelerin ötesine geçilecek sırrın, yeryüzünde olması, nefsin Derviş eylenmesidir. Nefsini Derviş eyleyen, sonra da silen Tapduklu Yunus, bu güç ve kudret ile, Arş'ın ötesine geçer ve Aşk olur.

Yücelerin ötesine geçilecek kudretin nefsi silmek olduğunun ifadesini şiirinde şöyle ifade eder: *'Göz açtım, dünyadan geçtim, bekaya ulaştım menzilim Arş oldu'*. Yücelerin ötesine geçmiştir lâkin bunu yapabilmek için önce davet gerekir ve o davete de uymak icap eder. Tapduklu Yunus, Arş'ın ötesinden, ötelerin ötesinden davet almıştır ve bu davete icabet ederek yönelmiştir. *'Biz dilemeden siz dileyemezsiniz'* ayetinin açılımı budur. Tapduklu Yunus öteye geçmeyi diler, dileği yerine gelir, davet gelir ve bu davete yönelir. İnsan dilemedikçe de davet gelmeyecektir. Davetin geldiğini de şiirinde şöyle ifade eder *'Bâtını Arş'dan ulu, eve Dervişler geldi'*. **Ev** ile gönlünü kasteder. **Bâtını Arştan ulu** diye bahsettiği, gizli ve gayb âlemidir. Gayb ve gizli âlem, Arş'ın da ötesidir. Kısaca *'Arştan Yüce olan Ötelerden, gönlüme davet geldi'* demiştir.

Tek ve Çift Sırrı

Buraya kadar çok kapsamlı ve bâtıni bilgileri Tapduklu Yunus'un felsefesinden bakarak ele almaya çalıştım. Bundan sonrasını da biraz daha örneklerle ve açarak aktarmaya çalışacağım: Görünen ve görünmeyen âlemden bahsetmiştik. Görünen her şey Çifttir. Görünmeyen ise Tektir.

Tek, yokluğunda, gizlisinde ve Menzil sahibi iken, kendini fedâ eder ve birbirine zıt olarak, ikiye bölünür, görünür olur, seyre geçer.

Çift, kendini fedâ eder ve zıtlığı terk eder, gizlisine döner Tek olur, kendi menziline döner.

Tek'lik kendini terk ederek çift olana fedâ olur. Kendini kendinden yaratmış olur.

Varlığın seyri de yine kendinden kendinedir. Tekliğinden Çokluğuna, ne kadar yayılabileceğinin bilinmesinin seyridir. Daha sonra yine Çokluğundan Tekliğine, menziline dönüştür. *'O'ndan gelinir, dönüş yine O'nadır'* ayetinin açılımı budur. Dervişlerin, *'kendinden kendine yolculuk'* dediği budur. *'Hakk vücudundan gayrı koku yoktur'* dediği yine budur.

Yaratılan her şey, varlık olabilmesi için zıddı ile bir aradadır ve seyir eder. Var olan her şey seyir eder. Kâinatta her zerrede misafir olarak konaklar ve sonra yine yoluna devam eder. Bu da yaratılışın bâki olmasındandır. Yaratılış bâkidir, sonsuzdur. Yaratılış, Evvelinden Ezeline seyirdedir. Zıt'ların birbirini ilahî kudret ile *'itmesi, çekmesi'* sonucu seyretmesi bir kanundur. Menzil sadece Hakk'ındır dedik. Hakk makamı, Aşk Makamıdır.

Aşkın menzili vardır fakat nerede olduğu belirsizdir. Varlık zıtlık ile seyir ederken, Tekliği bulması, anlaması ve görmesi mümkün değildir. Daima varlıklar yana yana Tekliği arar dururlar. Varlığın ikiliği, yokluğun Tekliği vardır. İkisi hiçbir vakit aynı menzilde buluşmazlar. Bu yüzden kâinatta her varlık seyir eder, her konakladığı menzilden de tat alır, çeşitliliği görür, farkı idrak eder ve yine yoluna devam eder. Her boyutun, her menzilin, her âlemin türlü türlü idrakleri, görünürlüğü, tadı vardır. Bu yüzden ne arayışın bir sonu, ne de ulaşmanın bitişi vardır. Her varlık bâkidir, konakladığı menzilde fâni olur, sonra yine seyrine doğru kanatlanıp yol alır.

Varlığın kanatları vardır. Varlığın var oluş amacı kanatlı olmasıdır. Kanatlı olmayan Tekliktir. Aşk ve Nefs menzildir. Aşk, Hakk makamının, Nefs de insan varlığının menzilidir. İnsan ruhu da, daimî olarak, nefs ile aşk arasında kanatlanıp uçar. Nefse yani bedene ulaşır konaklar, Aşka yani Özüne kavuşur konaklar. Sonra yine bu devri daim devam eder.

Aşkın ve nefsin kanatları yoktur. Lâkin hem nefs, hem aşk insan özünü, ruhunu kanatlandırır. Yok'ta Aşkta iken, Arştan Arza kanatlandırıp uçurur nefse kondurur. Var'da Nefste iken Arzdan Arşa kanatlandırıp uçurur, Aşka kondurur. Bu insan özünün, arştan arza, arzdan arşa yolculuğudur, seyridir ve miracıdır. Bu yüzden her insan, seyrinde yalnızdır.

İletişim bilgiyi arttırır, ama dâhilerin okulu yalnızlıktır. Herkes için tek tek belirlenmiştir yollar. Diğerinin en mükemmel yolu, diğeri için sapaktır. Herkes kendi yolunun taşlarını ayıklayacaktır.

Sabır Kanadı

Tapduklu Yunus'a göre en önemli kanatlardan biri 'sabırdır'. Tapduklu Yunus, insanın daima 'hâl' içinde olmasını vurgular. Seyrinde iken, menzilsiz **kal** içinde olanın 'hayvan' olduğunu dile getirir. Seyir hâlinde iken insan eğer sabır hâlini koruyamazsa, menzile ulaşmadan **'kal'** olur. Bir şiirinde, *'Sabır gerek sana her hâl içinde, Sabırsuz kimse kalur kal içinde'* sözü ile sabrın önemini vurgular. Herkes kendi seçiminin sonucunu yaşayacaktır. **'kandırıldım, suçsuzum'** tevilinin kozmik yasada yeri yoktur. Sabır insanın kanadıdır.

Şükür Kanadı

Tapduklu Yunus, insanın daima şükür hâlinde olması gerektiğini vurgular. Şiirinde *'Kişi gerek çok bile ol gerek öğüt ala, Menzile irsem diyen belürsin hazin hazin'* sözü ile, insanın tavsiye ve öğütlere kulak vermesini, menzili olan Aşka varmak için içli ve gönülden yalvarması, dua etmesi ve şükretmesi gerektiğini söyler. Şükür insanın bir kanadıdır.

Dirilik Kanadı

Tapduklu Yunus, insanın seyrinde 'oldum, vardım' gibi hâllerin birer tuzak olduğunu, bunlara aldanılmaması gerektiğini önemle vurgular. Şiirinde *'Dervişlik didükleri bir acayip durakdur, Derviş olan kişiye evvel dirlik gerekdur'* olarak açıklar. İnsanın daima uyanık, farkında ve diri olması gerektiğini, falan oldum, filana vardım dediği anda uykuya daldığını dünyaya yenik düştüğünü, yalan menzil tayin ettiğini daima vurgulamıştır. Dirilik insanın bir kanadıdır.

Oruç Kanadı

Tapduklu Yunus, insanın seyrinde daima oruç tutması gerektiğini vurgular. Bu oruç hem fiziki hem manevî oruçtur. Açlık hissettiği her şeye karşı kendini geri çekmesi, az ile yetinmesi, nefsini terbiye etmesi, dilini tutması ve beline sahip olması gerekir. Şiirinde *'Yunus sen Arif isen anladum bildüm dime, dut miskinlik eteğin ahir sana gerekdur'* olarak belirtir. Yunus diye kendine seslenir lâkin herkese öğüt vermektedir, bildim buldum deme diyor. Bulma eylemi bir ihanettir aslında. İhanet daima pusuda bekler. Hakikat savaşçısı olan kanatlı insanın, sevgi bedenine ulaşamaz, tuzağa düşürür daima. Bu yüzden nefsin daima oruçta bırakılması ve terbiye edilmesi icap eder. Oruç, insanın bir kanadıdır.

Bilme Kanadı

Tapduklu Yunus, insanın seyrinde her uğradığı durakta kalmadığını, yola devam ettiğini vurgular. *'Benüm bunda kara rum yok, ben bunda gitmeğe geldüm'* der şiirinde. Yani dünya bir karar ve menzil yeri değildir. *Buradan gitmeye geldim* diyerek, *'bilmek'* ihtiyacının da bir kanat olduğunu vurgulamaktadır.

Çaba Kanadı

Tapduklu Yunus, insanın seyrinde bir menzil olan nefsin tanınması gerektiği ve daha son aşamada da silinmesi gerektiğini vurgular. Yola devam etmek için, seyir hâlinde olan insana bin bir cazibe ile yalancı menzil tayin ettiren nefsin varlığını kabul etmek ve terk etmek icab eder. *'Nefsümün başını kes düm kanadlanup uçar oldum'* der şiirinde. Nefsin terbiyesi yolunda gösterilen her çabanın bir kanat olduğunu vurgular.

Tapduklu Yunus, insanın seyrinde, dünya âleminde iken kanatlara ihtiyacı olduğunu vurgular. Ona göre eğer dünyada iken kanatların yoksa, yalancı menzilde kalmışsın ve bir hayvandan farkın yoktur. *'Kanadsuz kuşlayın kaldun yabanda, kanadlu kuş-lara kanda iresin'* diye dile gelir Tapduklu Yunus. *Kanatsız bir kuş gibi kaldın şu dünya gurbetinde, manâya kanat açmış erenlere nasıl yetişeceksin* diye de kendine kızar. Kanatsızlığın insanı nasıl çaresiz bıraktığını, manâya ermesi için kanada nasıl ihtiyaç duyulduğunu önemle vurgular.

Öğretici Kanadı

Tapduklu Yunus, Aşka ermek için kanada ihtiyaç duyulduğunu *'Kendü bilişiyle kişi hiç irişe mi menzile, Allaha iremez kalur er eteğin dutmayınca'* diye dile getirir. Kanadı olmayan da *Allah'a eremez bir bilenin eteğini tutmayınca* der. Kanatlardan birinin de **'öğretici'** olduğunu vurgular. Erenlerin sözü, öğreticilerin varlığı insanın bir kanadıdır.

Din Kanadı

Tapduklu Yunus, din ile imanın bu dünyada birer kanat olduğunu, insanı gerçeğe, aşka ve menzile uçuracak olan irfanın da dinden ve imandan geçtiğini vurgular. *'Var din iman gerek ise eyü diril bu dünyada'* diyerek şiirinde bunu önemle vurgular. Din ve iman birer kanattır, insanın dirilmesi, uyanması ve Aşka varması için.

Ölüm Kanadı

Tapduklu Yunus, ölümün de bir kanat olduğunu vurgular şiirinde. *'Dünyaya gelen göçer bir bir şerbetin içer'* der şiirinde. 'Her nefs ölümü tadar' ayetinin açıklamasıdır bu. Ölüm tadılması için, dünyaya uğramak, bedene bürünmek icap eder. Fakat beden fânidir ve her nefs ölümü tadacaktır. Ölüm insanın bir kanadıdır.

Cennet Kanadı

Tapduklu Yunus, vaad edilen her şeyin birer kanat olduğunu, insanı amacına uçurduğunu vurgular. Fakat vaade ulaşınca onunla yetinmemesi gerektiğini ve yoluna, seyrine devam etmesi gerektiğini şiirinde vurgular. *'Benüm uçmak neme gerek, hergiz gönlüm ana bakmaz'.* Cennet vaad edilendir ve insanın bir kanadıdır. Herkes cenneti hayâl eder ve diler. Oysa Tapduklu Yunus, cennetin de bir durak olduğunu, onun da aşılması gerektiğini vurgular. Çünkü cennet bir menzil değildir, Aşk menzildir. *Aşka ulaşmak için cenneti de geçmen gerek* demektedir. Sözünde 'uçmak neme gerek' derken bunu kasteder. Cennet dileği insanın bir kanadıdır, Aşka varmak için.

Hasredlik Kanadı

Tapduklu Yunus, insanın içindeki hasretliğin de bir kanat olduğunu vurgular. Çünkü her yaratılmış 'hasretlik diyarındadır.' Aşktan ırak düşen yollara, Aşka varmak için hasretlik duyar. Tekten ayrılan çift kanadı ile uçarken, içinde yana yana hasretlik duyar, tekrar kavuşmak için Tek'e. *'Yunus hasretdü rür sana hasretini göster ana'* der şiirinde. Burada *Yunus hasrettir sana, göster bir Cemâlini ona* diye hasretliğinin ne kadar önemli bir kanat olduğunu vurgular.

Tevazü Kanadı

Tapduklu Yunus, 'görme'nin bir kanat olduğunu vurgular. Çünkü her insan dünyaya, unutarak gelir ve kördür. Ne vakit 'görme' marifetine ulaşır kanada kavuşmuştur. *'Hem evvel sin, hem ahir, kamu yerlerde hazır, hiç makam yokdur sensüz, ben niçün göremezin'* diye kendinin yüceliğini mütevazılığı ile dile getirir şiirinde. Hem öncesin, hem sonsun, her yerde menzilsin hazır ve nazır. Her zerre senin ile mühürlenmiş de ben niye göremiyorum? der Tapduklu Yunus. Bu kadar sözü bir araya getirip hâlâ seni göremiyorum demesi ise tamamen alçak gönüllülüğündendir. Görme ve tevazu bir kanattır insanı aşka uçuran.

İlim Kanadı

Tapduklu Yunus, ilmin de bir kanat olduğunu vurgular. Çünkü her insan ilim ve bilime önem vermelidir. Ancak diğer tüm kanatlar gibi zamanı gelince terk edilmesi icap eder. *'İlim hod göz hicabıdur dünye ahret hisabıdur'* der şiirinde. İlim, hakikat menziline ulaşmak için sadece bir kanattır, her kanat da doğal olarak perdedir.

Güç ve Kudret Kanadı

Tapduklu Yunus, dünyasal tüm güç ve kudretin de bir kanat olduğunu vurgular. *'Yavuzluk eyleme sakın, ecel sana senden yakın, nicelerün aslın kökin yurd eyleyüp bozadurur'* der şiirinde. Ne kadar güç ve kudret sahibi de olsalar, Hz. Âdem ve tüm Allah'ül Nebîlerin de dâhil, dünyaya sultan olan tüm padişahların, kök salan tüm insanların da bir gün buradan kanatlanıp gittiklerini vurgular.

Can Kanadı

Tapduklu Yunus, 'can'ın da bir kanat olduğunu vurgular *'Canlar canını buldum bu canum yağma olsun'* der şiirinde. Ona nefes aldıran, yürüten, gördüren candır, nefes almasıdır. Fakat bu hâlinin de manâsına erdiğinde canının canını bulduğunu, nefsinden aşka erdiğini keşfeder ve nefsim yağma olsun der. Bir şiirinde de *'can tuta gelür isen, ger canum var dir isen, canı şümar idersen, sağıncile kalasın'* diye de önemle belirtir. Yani Canı bir kanat olarak bilmeyip de, ona tutunursan, onu menzil bellersen, zamanı gelince terk etmezsen, kanatlanıp uçamazsın, nefs ile başbaşa kalırsın. Bir başka şiirinde ise yine canın bir kanat olduğunu vurgular *'Cana virür canını kurbana'*. Tapduklu Yunus, Cana kurban vermiştir kendi canını. 'Can' bir kanattır insanın seyrinde.

Kevser Kanadı

Tapduklu Yunus, kanatlanıp uçan insanın, Aşka varması için 'kevser' suyundan gerek olduğunu vurgulamış ve daha sonra da *'bize uçmada kevser gerekmez, yar gerekmez, can gerekmez, bize didar gerek'* demektedir. Yar olarak düşlediği, can olarak nefes aldığı ve kevser suyu ile hayat bulduğu her şeyin bir kanat olduğunu, Allah'ın Veçhini gördüğünde her birinin terk edilmesi gerektiğini vurgular. Aşka varanın kanada ihtiyacı kalmamıştır. ❧

Tapduklu Yunus tüm şiirlerinde, 'kanat' olarak vurguladıklarını, vakti zamanı gelince terk eder. Çünkü 'kanat' isminin manâsı, ihtiyaca göre kullanılan daha sonra terk edilmesi icap edilendir. Kitabımızın ismi olan **'Aşka varınca kanadı kim arar'** sözü bundan ileri gelmektedir. Kanat menzile ulaştırır, menzilde iken artık kanada ihtiyaç kalmamıştır. Menzilden tekrar yol almak için, hangi boyuta, hangi âleme uçacak isen yine donanımın yani kanatların, o âlemin, o kâinatın ihtiyacına göre belirlenir. Bizim âlemimizdeki kanatları bir bir saydık. Lâkin başka âlemlerdeki kanatları da görmeye, ancak onlara ulaştığımızda anlayacağız.

'Artmayan ve Azalmayan Bir' İlkesi

Hakk, kendi suretinden yaratmış, kendi ruhundan üflemiş ve kendi nefsinden bahşetmiştir insana. Çoğalmayan ve artmayan Bir'in tanımıdır bu. Hakk, Âdem'i, kendi nefsinden, kendi ruhundan, kendi suretinden yaratması, **'Artmayan Bir'** İlkesinin bozulmadığına işarettir. Aynı şekilde, Âdem nefsinden de zevcesini yaratması, yine **'Artmayan Bir'** ilkesinin devamıdır. Âdem ve zevcesinin, yeryüzünde kadın ve erkek olarak yayılması da yine **'Artmayan Bir'** ilkesinin devamıdır. Hakk kendi nefsinden Âdem'e, Âdem kendi nefsinden zevcesine ve ikisinin nefsinden, yeryüzünde yayılma ve çoğalma işlemi, bir **'mayalama'** ilkesidir. Bu yayılmada, insanoğlunun bedenini terk edişi, ölmesi de **'Azalmayan Bir'** ilkesini bizlere sunmasıdır. Hakk var olduğu sürece, âdem ve oğullarının yayılışı **'azalmayan** ve **artmayan** Birlik'in manâsını oluşturur.

Tüm kâinat ve içindeki görünen tüm gezegenler, güneşler, insanlar, yıldızlar, helâk olsa da, yok olsa da, Hakk Nefsi Bâki olduğundan dolayı, ne bir azalma olacak, ne artış olacaktır. Çünkü Zahir olan görünen her şey, Hakk nefsinin mayalanmasından türemiştir. Bâki olan Hakktır, görünen her şey fânidir. Fâni olan, Bâki olana hizmettedir ve aynı anda, kâinatın **'Artmayan ve Azalmayan Bir'** ilkesine uyumludur. Hakk ile Âdem arasındaki benzerlik bundandır.

Hakk'ın kanatları yoktur lâkin kendine davet için kanatlandırır insanı. Hakk, kanadı insanda özümser. Kendindeki öz bilgiyi insanda tatbik eder. Bilmek ister kanatları ile neler yapabileceğini. Bu kendinden kendine bir biliştir. Hem bilinmeklik diler, hem bilmek ister. Hallac-ı Mansur 'Tanrı uçmaz, O varlıkta özümser kendini' sözünün açılımı budur. Özümsemesi, Hakk'ın bilmesidir. Çünkü Hakk da varlık ile bilir, öğrenir.

Hakk Teklik makamında olduğu için kanatlanıp uçamaz, uçması için insana ihtiyaç duyar, çünkü insanın kanatları vardır. İnsanın yaşadığı her hâli özümser ve insan ile beraber, insanın neler yapabileceğini bilir ve öğrenir. Ta ki, kendinden ayrılan parça, tekrar kendine dönene kadar. Hakk makamına ulaştığında insan, artık kanada ihtiyaç duymaz, terk eder onları. Çünkü Hakk makamına teklik ile girilir. Zıtlık ve ikilik âlemde geçerlidir, ihtiyaç duyulandır. Hakk katında, Aşk makamında kanada, ikiliğe, zıtlığa ihtiyaç yoktur, oraya ancak kanadı terk eden girebilir.

Aşkın Elinden

Tapduklu Yunus, gönlümüzün Yunus Emresi, bize *Aşkın elinden'* diyerek şifreyi vermiş, sırrı açıklamıştır. Âlemde her ne var ise, Aşkın elinde dönüşür, kanatlanıp uçar, seyreder. Aşkı arar çünkü Aşkın şerbetinden içip revan olmuştur yola. Tekrar Aşka kavuşana kadar da Aşkın elinden çekmediği eziyet, dert kalmaz. Bu eziyet ve dert, hasretliktir. O hasretlik olmasa, nasıl seyreder insan.

İnsan Kanadı ile uçar Aşka. Aşka varınca terk eder tüm kanatlarını. Tapduk Yunus şiirinde *'Gönlümün evi Işk Elinden taşa gelür'* diye de şikâyet eder kendince. Gönül evi Teklik'tedir, Aşk Makamındadır, Aşk menzilindedir, Hakk katındadır. Lâkin

Aşk onu kanatlandırıp uçurmuş, taşa vardırmıştır, yani dünya denilen yeryüzüne. Tüm âlem seyrandadır Aşk elinden. Hayran eden de O'dur, ciğerini yakan da O'dur. *'Acep mihman olupdur ışk elinden'* diye de yana yakıla söze gelir şiirinde. Sürekli her zerrede misafir olduğunu dile getirir Aşkın elinden.

Aşkın elinin ulaşmadığı zerre var mıdır bu âlemde?

Dert olan, derman olur bu âlemde Aşkın Elinden. Zehri veren şifası Aşktır velev şifayı bulan da zehre bulaşmıştır yine Aşkın Elinden.

Kahrı da güzel, lütfu da hoştur Aşkın Elinin.

Zıtlıklar olmasa bu âlem döner mi, bu âlem kurulur mu, bu âlem oluşur muydu?

Yaratımın hamurundadır zıtlıklar. O zıtlıklar, çiftler değil midir birbirini ilahî dokunuşlar ile iten, çeken, ilerleten ve gerileten, alçaltan ve yücelten. Her biri Aşkın Elinden değil midir?

Âdem, âlem için bir şifa idi ancak cennetinde idi görünmezinde, gizlisinde. Nasıl çıkacaktı görünür olacaktı? Elbette zıddı ile. Gönül seviyesinden bir eş kılındı kendisine zevcesi oldu. Âdem'in şifasına, bir de zehir gerekti. Azazel gönüllü seçti bu yolu. Çünkü Rahmete kavuşan Âdem ise, Lânete kavuşan da İblis olacaktı.

Âdem ve zevcesi çiftlerden bir çift idi kanatlanıp uçacaktı alçaklara, Aşk onları kanatlandırmıştı, lâkin ne gerekti. Yediler cennetlerinde buğdayı, alçaldılar, alçaldıkça da yüceldiler. Tüm sır toprakta idi. Âleme şifa gerekti. Âlem, âdem çifti ile Can buldu, cana geldi, ruha kavuştu. Zehiri ise iblisten oldu, o da kibir ve hasetliği ile kanatlanıp uçtu cennetinden. Âlemi döndüren, âlemin zehiri de şifası da, ruhu da canı da, çiftler oldu. Vakti zamanı gelince de her biri terk edecekler o muhteşem kanatları ve dönecekler asıl Ol'ana O'na.

Tapduklu Yunus'a göre, eşyanın vücudu yoktur, vücud sadece Hakk'ındır, o da bâki olandır. Eşyanın bedeni vardır, o da fânidir. Hakk Vücudundan, **aşkın eli** olan kudret ile kanatlanıp uçan her insan, eşyadaki gölge oluşumları seyreder, şahit olur, fâni bedende konaklar, sonra yine aslına geri döner. Vakti zamanı gelince, insan da, eşya da fâniliği ve tüm kanatlarını terk edip, asıl olan bâki Vücuda geri dönecektir.

Tapduklu Yunus'a göre Aşk, var oluşun ana sebebidir. İnsanı insan yapan özündeki cevher Aşktır. Tapduklu Yunus, her şiirin de, hakikatin bir zehrini bir de şifasını açıklamıştır. Şiirleri, daimî olarak, zıtlıkları, çiftleri ortaya koyan manâları içerir. Bunları da, insanı Aşka vardıran kanatlar olarak tarif eder. Vakti zamanı gelince terk edilmesi gereken kanatlardır her biri. Aşka uçarken gereklidir bu çiftten kanatlar, aşka varınca gerek kalmamıştır terk edilmelidir diye önemle vurgular.

Her insan, fâniliğe uçarken bir amaç içindedir. Kendisindeki kanatları tanımak, onlarla nasıl yol alındığına şahit olmak, o kanatlar ile neler yapılabileceğini Hakk'a iletmek, Hakk'ın verdiği emanetlere sahip çıkmak ve lâyıkı ile işleyip içindeki öz bilgiyi hâle ve mala çevirmek ve tekrar emaneti yerine iade etmektir.

Tapduklu Yunus, amacını ve gayesini 'Nasihatler kitabında' şöyle açıklar: *'Cümle sözün sana vazife, iş sana düşer kimse etmez ifa, ne sözün varsa kendine hitap, cümle gönülleri Allah için yap'*.

Tapduklu Yunus, kendine emanet verilen kanatları, insanların gönlünü Allah için yapmaya, Gönülleri Hakk'a yöneltmeye kullanır. Kendi gayesini bilen Yunus, yine 'Nasihatler kitabında' şöyle devam eder *'Gönülleri Hakka yöneltmek uluların işidir'* diye de önemle belirtir.

AŞKA VARDIKTAN SONRA KANADI KİM ARAR

Sonsöz

Hakk'ın kullarından öyleleri vardır ki, onların kâr ve zarar ile, alışveriş ile, eksik ve fazlalık ile işleri yoktur. Tüm işleri Hakk iledir. Çünkü Hakk hesap tutmaz, hesabı tutan her devrin Velîleri vardır. Onlar Hakk'ın hizmetlileridir.

Tapduklu Yunus bu hizmetlilerden biri idi. Dünya zamanına tabî değildi. O kendi zamanını getirdi dünyaya ve öyle yaşadı. Dünya kaderine tabî değildi. O kendi kaderini kendi oluşturdu ve öyle yaşadı. Ötelerin ötesine uzanıp, orada neyi hayâl etti ise, dünyada onu inşa etti. İnsanların dünyasında, kendi dünyasını kurdu, genişletti, yaydı. Çalab'ın yani Hakk'ın evi, nazargâhı olan gönül'den haber getirdi. İnsanları, kendi gönülleri ile tanıştırdı. O gönülleri birbirine bağladı, sonra tüm bağları Hakk'ın rahmeti olan Allah'ın ipine doladı. Tapduklu Yunus'un işi, dünya ile değildi, insanların dünyası ile ilgiliydi. Çünkü insanın yaşadığı dünyada bir sorun yoktu, insanın kendi nefsinde yarattığı, kendi dünyasında sıkıntı vardı.

Herkes kendi zanları içinde yarattığı dünyasından sıyrılıp, dünyaya açılmalıydı.

Tapduklu Yunus'un, kendi zamanından, bizim zamanımıza ve daha öte zamanlara hitabı, mesajı çok açık ve netti. **'Ne Âdemî beşerîyet hâlleri, ne de nefsi menfur oluşumları için kalbini bozma!'** Kısaca kimse kimseye darılmasın, gücenmesin.

Herkes bir yaratılıştadır. Kendine has, şahsına münhasır fıtratı ile dünyaya gelir, bu da Hakk'ın emridir. Bunu sevemiyor, kabullenemiyorsan, bari hoş gör, kavgayı bırak, davayı bırak, dünya kimseye kalmaz. Kısmetten öte ne bir adım ola, ne soluk alına. Herkes ölümü tadacak. Herkes bu dünyaya gitmek için geldi. Dünya mülkünün tek sahibi Hakk'tır, insan değil. O mülk ile oyalan, sahiplenme! Sevelim sevilelim, dünya kimseye kalmadı.

Herhangi bir gezegenden dünyayı seyr eden biri olsaydım, huzur çığlıkları ve gülüş sesleri duymak dilerdim, insanların acı çığlıklarını değil. Tamahkâr beşer olarak dünyayı tuzla buz eyledik, bunu görmek için biraz yukardan seyr etmek gerek. Çok yeryüzü adamı olmadan, çok da göklerde dolaşan kuş misali kanatlanmadan! Ne göğle kaynaş, ne toprağa bulaş. Az biraz nefes almaya gerek vardır. Adet ile işin olmasın, edeb ile olsun. Yüzün Hakk'a dönük olsun, hâl ile hemhâl olasın.

Yaratılış itibarıyla dip'ten fırlayalı çok oldu. Hâlâ dibin kokusuna hasret, kisvedeki çamuru muhafaza hayâlinde, masivaya tutunmuş, karanlığında oyalanıyor insan. Bir silkelen, at üzerindeki giysine bulaşan dünyalık çamuru. Bırak, dünya eşyası ile kör olmuş gözlerini ileri çevir, etrafına bak. Herkes, her insan Hakk'ın kulu, onlar da kendin gibi dünyaya gelmiş çaresiz insanlar.

SONSÖZ

Herkes birbirine elini vere, bir işin ucundan tuta. İnsanlık cahilce karanlık sularda yüzmede, haddini aşmada, kendine ait olmayan her şeye dokunma hayâli peşinde ve bunu gerçekleştirmeye and içmiş, niyet etmiş sanki. Gelecek nesillerin yaşam alanlarını çalmak, Hakk'ça değil, nefsanîce. Bunu görmek, bilmek, bu gerçeğe uyanmak icap eder.

Kimi nasıl bildin ise, o da seni öyle bildi, ötesi yoktur. Bu senin en büyük rehberin olsun. En zayıfın zayıfında bir güç, en kötünün kötüsünde iyilik, en suskunun suskunu içinde bir konuşan vardır. Susuyorsa edebindendir, korkusundan değildir belki. Kötülük peşinde ise, henüz sevgisi hayy olmamıştır yüreğinde belki. Zayıflığı görüntüdedir lâkin o tüm menfîlikleri gönül potasında eritip dönüştürüyor, hayır ile evrene salıyordur belki. Sen zanlarınla değil, gönül gözünle seyret oluşumları.

Kapılar, kapılar! Can acımadan nasıl açılacak o kapılar? Her bir can acısı, bir darbedir ve kapıyı açar. Kapı elle çalınır sanırız. Kapının önünde, bir beden yok ki kapıyı çalsın. Ruhun elleri var mı ki kapıyı çalsın. İşte o can acılarıdır kapıyı çalan ve kapıyı açan. Çoklu zekâ ile idrak etmek, zihin dışında düşünmek, ancak bu manâyı anlaşılır kılar. Tek kapı var, lâkin sonsuz kapıları mevcudat olarak bünyede barındıran. Aynı anda hiçbir kapının olmadığının idrakidir de bu. Bu gözümüzün önünde bir şekil değil, manâdır. Zihin dışında idrak edilir. Çünkü zihin gölgedir, yalan oluşumdur, bir vehimdir, hakiki değildir.

Hakikati zihin içinde değil, zihin ve akıl dışı cevherin olan gönül içinde görebilirsin. Gönül öyle bir cevherdir ki, iki cihana sığmaz, mekânlar dışıdır. Ancak göz erdeminin gerisinden seyreder tüm âlemleri. İnsanlar ancak aynaya baktıklarında gözlerinin gerisindeki muazzam 'ilahî parçayı' görebilirler. İşte o vakit ne müthiş bir dünyada yaşıyor olurduk. Nefs çokluktur ayrıdır, farklıdır, çeşit çeşittir bu seni yanıltmasın, aldanma sakın. Tüm gönüller Birdir. Gökyüzü Er'inin, kadını erkeği olmaz, bunu idrak eden gönüllere Yunus'tan selâm ola.

Oysa insan özgür olmayı diledikçe, tutunduğu her ne var ise, daha sıkı yapışıyor âdeta. Aşkı görmüyor, aşk ile salınışları kaçırıyor, ileri zamanlara bırakıyor. Aşk makamının azı çoğu yoktur. Ya tam 'an zamanda' huzurunda, aşk ile O'ndasın. Ya da olabildiğince çemberin dışında, dünya zamanına tabi, çokluğunda ve ayrıntılarında, tutunduğun her ne var ise onunla haşır ve neşir hâldesin. Yaşamın sahibidir insan, ama unutmuş insan! Unuttuğu için de 'yaşamaya çalışan' bir canlı türü, hatta tek canlı türü insan. Ölümsüz yaratılan, sonra ölümü tadıcı olarak, savaşın dünyasına 'reddedilen' bir beşerîyetin üyesi.

Tekâmül et, yükselt çıtanı, uzan kendi âleminden âlemlere, 'Kâmil' ol. Kâmil insan, savaşın dünyasında yaşayan değil, barışı ve huzuru kendi dünyasında inşa eden ve dünyaya yayan kişidir. Barış ve Huzurdan ümidi kesenler, sorun bir kendinizde. Sevdiğin kişi, çaresi olmayan hastalığa yakalandığında, ümidi kesip ölüme mi terk edersin onu. Etme! Huzurdan ümidini kesme ve çabala. Gönlüne bak. Hakk sen'de, yüreğinde taht sahibi, ama gözler O'nu göremez, O tüm gözlerden görendir, ara ve bul, işte sana sır!

Nefsin, çokluğun, çokluktaki anlayışın ve hoşgörünün manâsıdır. Gönlün ise, birliğin, birlikteki sevginin ve aşkın manâsıdır. İkisini birbirine karıştırma ve ikisini de birbirinden ayrı tutma. Her ikisi de bir kapıdır, bir kapı tamamen kapanmadan, diğer kapı açılmaz insana. Her bitişin, sonsuz başlangıçları mevcuttur kâinatta. Okudum bildim deme, yaşamadan bilinmez unutma! Ne verdin elinle, o gelir seninle.

En güzel cevap bazen sessiz kalmaktır, ama her zaman değil. Ne dediğini, ne söylediğini bil, lâkin her şeyi de söyleme. İnsan, ağzından giren kilolarca çöpü midesinde saklar, örter de, bir kelâmı bilmez saklamayı, örtmeyi hemen salıverir ağzından. Önce hararetle dökülmeyi öğrenir insan konuşarak. İfadenin, salt gerçeği olduğunu zanneder. Sonra edebi ile susmayı öğretir yaşam ona. Dil sükûnete ererse, gönül de durulur coşar o vakit sessizlikte. Yaşamın fısıltılarını duyarsın, her an her yerde. İnsanoğlu, ne yaptığının hakikatinde olmayan bir varlıktır. İcapları değiştirmek yine insanın kendi elinde.

Kimse ile var olmadığı gibi insan, kimse ile de yok olmayacaktır. Kim için dileğin her ne var ise, kendin içindir aslında. Hayat içinde önemsiz ve göz ardı edilen bu basid hakikat, yaşam manâsında açılır, yayılır yolunda. Görünen bir çuldur cesed, ona yaşam verendir Hakikat. Bizi var eden ve yok eden de O'dur, O dilerse her şey olur.

Görünen cisim fâni, ona yaşamı veren bâkidir. Her nefesi Hakk ettiren, Var edene şükürler olsun. Hakk ile arana hesap koyma! İnsan olmayı reddetmek, ne doymak bilmez bir kibirdir. İnsan olduğunu unutma! İnsan olmanın hâl sanatına er ve kendini yücelt, lâkin yücelenme ve övünme.

Bağımlılıklarını terk etmeden evvel, onlarla bir helalleş. Yoksa her biri intikam alır senden bir bir. Oynaş onlarla. Anlaş. Cilveleş arada. Hem seninle olsunlar, hem ayrı. Ne senin olsunlar, ne senden ayrı. Nefsin her türlü tuzağı canlıdır bilesin. Basittir ama tutsak etmişlerdir insanı. Çamurun cazibesi bu. Görevi bu. Görevini yerine getirecektir illâ ki. İnsanı, esir almaktır tüm gayesi. Bedende isen, yeryüzünün kanunlarına tabisindir, unutma! Hâl nerede yaşanacaksa, arzu edilen yerdedir Can. Yaşa, idrak et ve onurlandır. Kutsadığı her şey ile, kutsanır insan. Bu onun daha ileri fırlaması için bir yakıttır âdeta.

Parça bütünü taşır da, insan o parçayı taşıyamaz, ağır gelir ona. İnsanın bir yanı çok güçlü, bir yanı hep yenik. İki ateş arasında kalmışsan, daima üçüncü bir seçenek vardır. Aşağı atlamak. Daha diplere, derinlere. Korkma, kazdıkça varılacak nur ışığına. Yüceliği göklerde arama. Tüm sır yerde, yerin dibinde. Nefsinin derinliklerinde. Kazdıkça ulaşacaksın o nur ışığına. Çünkü rahmet sadece gökten yağmaz, yerden de gelir insana. Nefsin derinlerine indikçe yüceleceksin. Nefsin esiri iken yükselmeyi umma! Hep öyle düşünülmüş zira. Sen onlardan olma!

Kalbindeki Yunusun der ki *'On sekiz bin âlem yaratıldı, cümlesi bir içinde, cümle dil O'nu söyler her bir menzil içinde'*. Keşke insanlık, bir anlık bunu görebilseydi, hiçbir şey bugünkü gibi olmazdı. Savaş olmazdı, katliam yapılmazdı, kimse aç kalmazdı. Herkes birbirine dost, yürekler aşk ile aydınlanırdı. Gördüğümüzü sandığımız bu dünya ve göremediğimiz nice dünyalar, *on sekiz bini de bir cümle içinde yaratıldı*. Dünya kafesinde tutsak olan bedenimiz, sanmayalım ki başka dünyalar yok. Fırlasak çıksak, manâ ile bir olsak, şahit olsak, seyr etsek, nazar eylesek, muazzam var oluşu koklasak, ölüm ile yaşam çizgisine dokunsak. An'da bir şeyler değişecek, hem bedende, hem tüm âlemde var olduğumuzu anlasak, idrak etsek. Neler değişecek bir görsek.

Zaman Kemâle erme vakti! Zaman Aşkla erimek vakti! Dünyanın kaderine gömülmüş, mahkûm olmuş bir insanlık! Dünya kaderi üzerine çıkıp kendi kaderi ile yüzleşecek, her an sıyrılıp kader üstü kaderî plânlara uzanacak insan. Uzandığını alıp, getirecek, dünyada yaşayacak olan Bilgeler! Unutma ki, Yaprakların işi güneş ışığını alıp ağacı beslemek, vakti zamanı gelince sararıp dökülmek, yerine yenilerinin gelmesi için. Öyle ağaçlar var ki, onların yaprakları hiç dökülmez, yenilenmez, yaz kış beraberdir. Ölümü tadıcılığın son bulduğu vakit, ölümsüzlüğün kapıları açılacaktır insana. Tercih hakkı! Zira insan, sonsuz bir varlıktır.

SONSÖZ

Basit cümleleri, akıcı kelimeleri, anlaşılır şiirleri ile, yedi yüzyıldır okunan, konuşulan, anılan, anlaşılmaya çalışılan Tekke Dervişi Tapduklu Yunus'tur o.

Beklentilerini, hayâllerini, düşlerini evrene göndermiş. Beklentilerin onu beklediği, hayâllerin onu hayâl ettiği, düşlerin onu kurduğu bir Derviştir o. Daima huzurunda, huzurda olan, hiç olmadığı kadar güzel bir Yunus'tur o. Nefes aldığı andan itibaren, herkes Yunus'a sınırlar belirledi. Ama o, daima o sınırların ötesinde ne var diye, onu keşfe çıktı. Ve hâlâ öyle. Daima, sınırları aşan bir sınırsızlık ile kaynağından bizlere sesleniyor.

Tapduklu Yunus bize gönlünün sırlarını açtı, Hakikatin sınırsızlığını sundu, Hakk'a varışın yolunu gösterdi. Şimdi seçenek insanın elindedir. **'Olmuş bitmiş bir geçmişin içine gömülmek mi? Yoksa Erdem insanı gibi, Hakikati inşa etmek mi?'**. Seçenek, insanın yüce iradesine kalmıştır. Çünkü **'İlahî Düzen, takvimi değil, Takdiri'**dir. Ya Şimdi! Ya Hiç! Ne Şimdi'nin sonu vardır, ne de Hiç'lerin.

Gönlümün her zerresini dolduran Aşk, Hakk Aşkı. O nereye götürdü ise oraya sürüklendim. Yazdığım her satır, sadece O'na yazıldı. Ne kalemim tükendi, ne bendeki O'na olan Aşk. Bu kitap, akıl işi değil, gönül işidir. Akıl devrede olsaydı, tek satır yazılamazdı. Yaşamın, beni arzu ettiği yerdeyim şimdi ve ben arzu edilen yerde SEN'i inşa ediyorum. Ve Hakikat, SEN'in belirlediğindir. Heybesinde hiçlik, gönül yolunda erimiş, bir 'Sen' olmuşum. Çoğu kez ruhum bedene sığmıyor, zerre kadar olsa da sığmıyor işte. Kimi zaman güvercin gibi suskun, kimi zaman kartal gibi hırçın. Parçalıyor, çıkmak istiyor, özgür olmak istiyor. Her şeyi terk edesim, diyar diyar gezesim var. İsyanım bedenime, ruhumu salıp gidesim var. Terk istiyorum bedeni, terk istiyorum dünyayı, kendi dünyama göçmek, oradan âlemi izleyesim var. Gizlide değilim, Aşikâreyim. Sen göremiyorsan, Bana Ne! Her şey örtülü, bir O meydanda. Ben görüyorsam, Sana Ne!